Crônicas de um gay assumido

A coleção [CONTRA.luz] é dedicada à sexualidade e segue uma tendência mundial de valorização da discussão e da investigação desta temática na arte e na literatura. Sem se limitar a qualquer gênero, a coleção explora a sexualidade em seus aspectos históricos, políticos, sociais, literários e antropológicos.

OUTROS TÍTULOS DA COLEÇÃO

AGORA QUE VOCÊ JÁ SABE, de Betty Fairchild e Nancy Hayward
O PORTEIRO, de Reinaldo Arenas
ANTES QUE ANOITEÇA, de Reinaldo Arenas
A VELHA ROSA, de Reinaldo Arenas
MAPPLETHORPE: UMA BIOGRAFIA, de Patrice Morrisroe
O FIM DE SEMANA, de Peter Cameron
HOMOSSEXUALIDADE: UMA HISTÓRIA, de Colin Spencer
VICE-VERSA, de Marjorie Garber
BOÊMIA DOS RATOS, de Sarah Schulman
TROÇOS E DESTROÇOS, de João Silvério Trevisan
GUERRA DE ESPERMA, de Robin Baker
HISTÓRIAS POSITIVAS, de Marcelo Secron Bessa
O POÇO DA SOLIDÃO, de Radclyffe Hall
SEIS BALAS NUM BURACO SÓ, de João Silvério Trevisan
CRIAÇÃO EM SEPARADO, de Chandler Burr
A REGRA DE TRÊS, de Antonio Gala
A BIBLIOTECA DA PISCINA, de Alan Hollinghurst
AIMÉE & JAGUAR, de Erica Fischer
DEVASSOS NO PARAÍSO, de João Silvério Trevisan
ABAIXO DO EQUADOR, de Richard Parker
PEDAÇO DE MIM, de João Silvério Trevisan

Luiz Mott
Crônicas de um gay assumido

EDITORA RECORD
RIO DE JANEIRO • SÃO PAULO
2003

CIP-Brasil. Catalogação-na-fonte
Sindicato Nacional dos Editores de Livros, RJ.

M872c Mott Luiz R. B. (Luiz Roberto de Barros)
        Crônicas de um gay assumido / Luiz Mott. – Rio
de Janeiro: Record, 2003.

ISBN 85-01-06627-3

1. Homossexualismo. I. Título.

            CDD – 306.76
02-1966   CDU – 316.346.2-055.3

Copyright © 2003 by Luiz Mott

Todos os direitos reservados.
Proibida a reprodução, armazenamento ou transmissão de partes deste livro através de quaisquer meios, sem prévia autorização por escrito.
Proibida a venda desta edição em Portugal e resto da Europa.

Direitos exclusivos de publicação em língua portuguesa para o Brasil adquiridos pela
DISTRIBUIDORA RECORD DE SERVIÇOS DE IMPRENSA S.A.
Rua Argentina 171 – Rio de Janeiro, RJ – 20921-380 – Tel.: 2585-2000

Impresso no Brasil

ISBN 85-01-06627-3

PEDIDOS PELO REEMBOLSO POSTAL
Caixa Postal 23.052
Rio de Janeiro, RJ – 20922-970

EDITORA AFILIADA

[Sumário]

[09][Introdução]

[15][I. Mitos & verdades]
[17][Brasil gay]
[25][Perfil sexual do brasileiro]
[33][Alcova gay: verdades e mentiras]
[37][Violência sexual infanto-juvenil]
[43][O futuro da homossexualidade]
[49][Bichas de terceira idade: o alegre fim dos solteirões]
[53][Os árabes e a homossexualidade]

[57][II. Tribos sexuais]
[59][Gays, bofes e travestis]
[67][As tribos na marcha do Orgulho Gay]
[71][Travestis: anjos ou demônios?]
[77][Pedofilia e pederastia]
[85][Quem são os simpatizantes do "GLS"?]
[91][Uma noite com as travelôs de Paris]
[95][Rapazes de programa]
[103][Ex-gays existem?]

[109][III. Confidências]
[111][Meu primeiro tesão homoerótico]
[117][Autobiografia homoerótica (I)]
[125][Autobiografia homoerótica (II)]
[133][Fidelidade vale a pena?]
[139][A graça de ser homossexual]
[143][Infiel no amor, fiel na camisinha]
[147][Fantasias de um gay casado]

[153][IV. Celebridades]
[155][Era Zumbi homossexual?]
[161][Luís Eduardo Magalhães, o amigo dos gays]
[165][A paixão lésbica da Imperatriz Leopoldina]
[173][Um herói gay na guerra do Paraguai]
[179][Mário de Andrade e o amor que
não ousava dizer o nome]
[185][O túmulo mutilado de Oscar Wilde]
[191][Jesus era gay?]

[195][V. Homofobia]
[197][Por que tanto ódio contra os gays?]
[203][A homofobia intolerável da novela *Suave veneno*]
[207][Inquisição tupiniquim]
[211][O medo de ser homossexual]
[217][Brasil: campeão mundial de assassinato
de homossexuais]

[221][Pânico homofóbico]
[225][Hitler não era gay!]

[229][VI. Movimento gay]
[231][Em defesa do homossexual]
[235][Dez verdades sobre a homossexualidade]
[245][Por que sou a favor do casamento de pessoas do mesmo sexo]
[253][Dia da consciência homossexual]
[257][Os gays e a visita do papa]
[261][A queimação do Judas]
[265][Desabafos de um lutador]

[269][VII. Homoerotismo]
[271][A arte de comer o cu]
[277][Homoerotismo lésbico]
[285][E no bumbum, nada?]
[293][Adoro um bicho]
[299][Orgasmo anal]
[307][Devaneios de um pederasta romano num liceu em Paris]
[313][Promiscuidade: esse bicho morde?]

[Introdução]

Ainda hoje, raros são os homossexuais no Brasil que têm a ousadia de escrever na primeira pessoa. A grande maioria dos gays e lésbicas — mais de 95% — permanecem ainda dentro da gaveta, vivendo clandestinamente o que para a maioria dos seres humanos é motivo de orgulho e reconhecimento social: o amor.

Enquanto o amor de um homem por uma mulher é estimulado, protegido e abençoado, quando um homem ama ou sente atração erótica por outro, ou uma mulher por outra, a família reprime, a sociedade castiga, os meios de comunicação ignoram ou tratam de forma caricatural. Resultado: gays e lésbicas vivem oprimidos, com medo do desprezo e da discriminação, temendo mais que a peste a revelação de sua identidade profunda.

Esta homofobia generalizada explica o reduzido número de homossexuais que têm coragem de escrever sobre suas experiências amorosas, de compartilhar com leitores anônimos ou, pior ainda, com temidos leitores seus amigos e familiares, intimidades, angústias e alegrias decorrentes de sua vivência preferencial com o mesmo sexo.

Algumas celebridades, hoje reconhecidas como praticantes do "amor que não ousava dizer o nome", entre elas, Miguel Ângelo, Shakespeare, Proust e vários outros, disfarçaram com nomes femininos seus verdadeiros amores do mesmo sexo, cabendo nalguns casos, aos editores de suas obras, esta desprezível censura: heterossexualizar suas paixões homoeróticas.

Mesmo deixando a homossexualidade de ser crime, malgrado ser reconhecida por todas as ciências como conduta tão normal e saudável quanto a heterossexualidade, a despeito de vigorar hoje em dia — inclusive no Brasil — leis que condenam o preconceito e discriminação contra gays e lésbicas, lastimavelmente, como mentalidades não se mudam por decreto, persiste ainda no início do terceiro milênio o mesmo complô do silêncio contra este amor-maldito: do qual se fala mal e é amaldiçoado.

Não sou o primeiro homossexual a escrever sobre minhas vivências, nem pretendo que este livro seja minha autobiografia. Há capítulos mais personalistas, outros onde reflito sobre temas relacionados ao "problema" homossexual. Destacaria contudo três peculiaridades que fazem deste livro uma novidade: a condição histórica e social de seu autor, a abrangência dos temas tratados e a linguagem utilizada.

Não fui o primeiro gay do Brasil a levantar a bandeira dos direitos sexuais, mas tenho o orgulho de ser o "decano" do movimento homossexual brasileiro, a pessoa que há mais tempo — por 20 anos seguidos — vem lutando sem tréguas pela cidadania plena de travestis, lésbicas e gays. Tornei-me o homossexual mais visível no país neste final de século, o gay brasileiro mais conhecido dentro e fora de nossas fronteiras. Fundei nossa mais antiga e dinâmica associação homossexual: o Grupo Gay da Bahia — o combativo GGB, a primeira ONG a registrar-se em cartório como sociedade civil, pioneira na prevenção da Aids, o primeiro grupo homossexual a ser reconhecido como entidade de "utilidade pública". Nestas duas últimas décadas fomos freqüentemente notícia em todos os jornais de norte a sul do país, fomos entrevistados nos principais programas de televisão, citados por presidentes da república, cardeais e acadêmicos. Faça um teste sobre nossa popularidade: mande-nos uma carta escrevendo no envelope tão-somente "Grupo Gay da Bahia", ou então "Luiz Mott", Salvador, Bahia — e com certeza receberemos e responderemos a sua carta. Numa cidade com mais de dois milhões de habitantes, é uma proeza ser conhecido por todos os carteiros de Salvador...

Além de "decano" do movimento homossexual ("bicha jurássica" segundo alguns), reúno certos atributos curriculares que tornam o autor deste livro uma *avis rara* na Terra dos Papagaios: paulistano de nascimento, mineiro de criação (e de preferência gastronômica), cidadão de Salvador por decreto municipal, fui seminarista e noviço dominicano, ex-aluno da Primeira-Dama quando estudante na Maria Antônia da USP, preso duas vezes no Dops na época da ditadura. Sou mestre em Etnologia pela Sorbonne, doutor em Antropologia pela Unicamp, ateu militante, *expert* em Inquisição e escravidão, citado por Carlos Drummond de Andrade e Fernando Henrique Cardoso, co-fundador de uma dezena de grupos gays nordestinos, aprovado recentemente como professor-titular do Departamento de Antropologia da Universidade Federal da Bahia com quinze notas dez. Ah! Esqueci: casado com uma nissei durante cinco anos na década de 1970, duas filhas que hoje têm orgulho de seu pai gay, filatelista, motoqueiro, cozinheiro e jardineiro de mão-cheia, há 17 anos vivendo com Marcelo num casamento abençoado por um pastor presbiteriano numa cerimônia antológica realizada no Sindicato dos Bancários de Salvador. Biografia eclética, dirão alguns...

Curriculum tão diverso e inusitado explica a mesma diversidade e o inusual dos temas aqui tratados. Uma pequenina amostra dos títulos destas 50 crônicas permitirá ao leitor antever

O multicolorido universo que ouso penetrar, que vai do perfil sexual do brasileiro à alcova gay, classificando os diferentes tipos de homossexuais que saltitam ao nosso derredor, os prós e contras do travestismo, o erotismo lésbico, passando por confidências a respeito de minha iniciação homoerótica, minha defesa da fidelidade homo-conjugal e por que sou a favor do casamento entre pessoas do mesmo sexo, reconstruindo aspectos da biografia homoerótica de Zumbi, Jesus Cristo, Mário de Andrade, entre outros. A maior parte destas crônicas foi previamente publicada na *Folha de S. Paulo*, *Brazil Sex Magazine*, *Sui Generis*, *Página Central* e outros jornais e revistas de circulação nacional.

Como nativo e membro desta população alvo — os homossexuais em suas mais diversas performances —, se de um lado falo espontaneamente na primeira pessoa, por outro lado minha formação acadêmica e reconhecida proficiência como etno-historiador com vários anos de garimpagem nos principais arquivos nacionais e internacionais, permitem-me classificar, interpretar e generalizar a respeito da homossexualidade como *expert* que, além de mais de 30 anos de prática, tem bom conhecimento científico desta complexa e nefanda gramática.

Minha biblioteca pessoal sobre *gay and lesbian studies* não tem outra igual no Brasil. Idem a respeito de minha bibliografia específica sobre o tema, tendo publicado mais de mil páginas que vão da subcultura gay luso-brasileira à época da Inquisição (minha principal *expertise* e tema predileto), passando pela tipologia dos homossexuais da Bahia contemporânea, pela Aids em variegados aspectos socioantropológicos, incluindo a produção de cartilhas sobre a redução de danos ao

[Introdução] **[13]**

uso de silicone por travestis, como um gay deve fazer para não ser assassinado, sobre a prevenção da Aids para adeptos dos rituais afro-brasileiros etc. etc.

A terceira peculiaridade deste livro deliciará uns leitores e talvez choque outros: a liberdade de sua linguagem e estilo. Não tenho papas na língua quanto aos temas tratados nem quanto aos termos empregados. Embora tendo sido criado em ambiente ultracatólico, sem violência física e protegido de expressões chulas e palavrões, a convivência com o submundo gay, sobretudo nos últimos vinte anos de militância política na Bahia, "apimentaram" meu vernáculo, a ponto de uma importante revista gay carioca da qual era colaborador ter-se recusado publicar uma de minhas crônicas aqui incluídas: "E no bumbum, nada?"

Faço uso, sem rodeios, tanto de estilo escorreito com preciosismos seiscentistas, por exemplo, quando escrevo sobre o abominável pecado de sodomia à época inquisitorial, empregando igualmente termos populares do jargão das bichas e travestis do *bas-fonds*, quando o tema é a subcultura homossexual contemporânea. Não se trata de apelação, nem artifício para *épater le bourgeois*, mas da mesma fidelidade comum aos antropólogos que lançam mão da terminologia tribal quando reconstroem a etnografia das populações que estudam.

Sem ser paroquial ou exagerar no dialeto cifrado da subcultura gay contemporânea, procurei dosar, com humor e delicadeza, tanto a linguagem quanto o estilo, desejoso de fazer destas crônicas uma contribuição para a consolidação de uma literatura genuinamente gay, no estilo, vernáculo e temática, também no Brasil

[Crônicas de um gay assumido]

Afinal, já é tempo que igualmente entre nós mais e mais gays, lésbicas e travestis assumidos ocupem as estantes das livrarias e bibliotecas e, por que não?, vistam o fardão das academias de letras, pois se tantas obras de homossexuais enrustidos foram e continuam a ser tão aplaudidas, é chegado o tempo de os gays assumidos receberem o merecido reconhecimento.

[mitos & verdades]

[mitos B verdades]

[Brasil gay]

O Brasil goza a reputação internacional de ser talvez o país mais homossexual do Novo Mundo. Os turistas estrangeiros são unânimes em proclamar a beleza e desenvoltura dos gays brasileiros, que facilmente são contatados nas ruas, praias e locais públicos. Não faz muitos anos, a então travesti e hoje mulher-transexual Roberta Close tornou-se capa das principais revistas nacionais, proclamada unanimemente como "o modelo de beleza da mulher brasileira!" Mais de 400 travestis tupiniquins pululavam até recentemente no Bois de Boulogne em Paris, hoje outro tanto deles prostitui-se em Roma, Milão, Lisboa etc. Quando consultados sobre as estatísticas do Relatório Kinsey, que avaliam em 10% da população o número de homossexuais no mundo ocidental, os gays brasileiros geralmente dão risada, sugerindo por experiência própria e "pesquisa participante" que, no Brasil, mais de 30% dos homens mantêm predominantemente relações homossexuais.

Há razões históricas e antropológicas que explicariam tais fenômenos: a decantada multirracialidade do Brasil, reunindo elevados contingentes demográficos de índios, africanos importados como escravos e portugueses colonizadores, etnias em que a homossexualidade e o travestismo eram praticamente institucionalizados; a licenciosidade e o abuso sexual inerentes ao escravismo colonial; a frouxidão e libertinagem do clero, tais fatores justificariam a presença tão numerosa de homossexuais masculinos e femininos na sociedade brasileira antiga e contemporânea.

Quando os portugueses chegaram ao Brasil em 1500, escandalizaram-se ao encontrar tantos índios praticantes do "nefando pecado de sodomia". Os nativos amantes do homoerotismo eram chamados na língua nativa de *tibira*, enquanto o capelão francês da armada de Catarina de Médicis, André Thevet (1575), intitulou-os de *berdache*, termo que passou a ser utilizado, por viajantes e depois por antropólogos, para descrever os nativos homossexuais e/ou travestis de diversas partes do mundo. Também as mulheres indígenas entregavam-se umas às outras em relações lésbicas: segundo os cronistas da época, havia muitas cunhãs que eram completamente "invertidas", assumindo o universo masculino na aparência, trabalho e lazer, preferindo ser mortas a serem chamadas de mulheres ou a manter relação com o sexo oposto. Eram chamadas de *çacoaimbeguira*, e provavelmente tenham sido tais "paraíbas" as inspiradoras do mito das amazonas sul-americanas.

Também os negros, mais de 4 milhões traficados durante quase quatro séculos de escravismo, contribuíram fortemente para o alastramento do amor unissexual na "Terra dos Papagaios". O primeiro travesti de nossa história, o negro Francisco, da etnia Manicongo, denunciado em 1591 perante os visitadores do Santo Ofício da Inquisição na Bahia, recusava-se usar roupa de homem: era membro de uma "confraria" chamada quimbanda, composta por temidos feiticeiros praticantes do homoerotismo, muito respeitados nos reinos do Congo de Angola.

Embora em Portugal a homossexualidade fosse menos institucionalizada do que entre as diferentes culturas e civilizações do Novo Mundo e do Continente Africano, também na Metrópole, malgrado a presença aterradora do Tribunal da Inquisição (1536-1821), o homoerotismo percorre incontrolado toda a história lusitana, comprometendo quando menos três soberanos, inúmeras celebridades deste recatado país ibérico, sendo também aí, com justiça, a homossexualidade referida com o apelido de "vício dos clérigos", tantos foram os frades, cônegos, sacristãos e até bispos a praticarem a unissexualidade.

Se compararmos Portugal e Brasil com os demais países europeus e do Novo Mundo à época da Renascença, inclusive com a Inglaterra e a Holanda protestantes, abundante e inquestionável documentação dos arquivos inquisitoriais obriga-nos a concluir que Lisboa e as principais cidades do Reino, inclusive no Ultramar, Bahia e Rio de Janeiro, possuíram uma frenética "subcultura" gay que competia em pé de igualdade com a descrita para outras sociedades do Velho Mundo, sendo, curiosamente, os gays luso-brasileiros tratados com maior tolerância e aceitação social do que seus irmãos de outros países. A legislação inquisitorial era draconiana, mas na prática a punição tendia à displicência. Não obstante, dos mais de 4 mil denunciados ao Santo Ofício pelo "abominável pecado de sodomia", aproximadamente 450 foram presos e sentenciados; destes, 30 sodomitas foram queimados durante os quase três séculos que vigorou a ditadura deste *Monstrum Horribilem*. Nenhum do Brasil, embora ultrapasse de uma centena os fanchonos brasileiros denunciados por praticarem o "mau pecado".

Com a Independência do Brasil e a promulgação de nossa primeira Constituição, em 1823, sob influência modernizante do Código Napoleônico, a homossexualidade deixou de ser crime, não mais existindo, a partir de então, nenhuma lei restritiva ao homoerotismo, a não ser a proibição de sua prática com menores de 18 anos, proibição idêntica embora mais severamente aplicada do que a referente a atos heterossexuais com menores. O lesbianismo, descriminalizado pelos Inquisidores em 1646, também no Brasil sempre foi menos visível e discreto do que a homossexualidade masculina, não se tendo notícia de nenhuma lesbiana queimada pela Inquisição lusitana.

Ao longo da história do Brasil, diversos personagens de destaque foram publicamente infamados de praticarem o "abominável e nefando pecado de sodomia", entre eles, no século XVII, dois governadores da Bahia, Diogo Botelho e Câmara Coutinho, ambos contemporâneos de nosso principal poeta satírico, Gregório de Matos, autor do mais antigo poema de que se tem notícia nas Américas dedicado a uma lésbica, Nise, "mulher que macheava outras damas". Ele próprio, o Boca do Inferno, também foi denunciado à Inquisição por ter repetido um dos mitos blasfemos mais constantes na subcultura gay européia desde a Idade Média: declarou que Jesus Cristo era sodomita!. No século XIX, o líder revolucionário baiano Sabino Alvares também é acusado de práticas nefandas, e abundante correspondência mantida entre a Imperatriz Leopoldina (Habsburgo) com sua dama de companhia, Maria Graham, sugere que ambas mantiveram, se não intimidades sáficas, quando menos inegável paixão homoemocional.

Poetas e literatos famosos, como Álvares de Azevedo (1831-1852), Olavo Bilac (1865-1918), Mário de Andrade (1893-1945), João do Rio (1881-1921), também estão na lista dos que prestaram culto a Ganimedes, incluindo-se na lista dos homossexuais *vips* o patrono da Aeronáutica, Alberto Santos Dumont (1873-1932), nosso inventor não só do avião, como do relógio de pulso, do sapato de salto alto para cavalheiros e do chapéu estilo Marlene Dietrich.

É nos finais do século XIX que a homossexualidade entra como tema literário neste país: em 1890 Aluísio de Azevedo descreve realística cena lésbica em *O cortiço*, e em 1895 Adolfo Caminha consagra todo o livro *O bom crioulo* ao amor entre um loiro grumete e um marinheiro negro. Nas Faculdades de Medicina do Rio de Janeiro e da Bahia, várias teses abordam a questão homossexual, destacando-se *O androfilismo*, de Domingos Firmino Pinheiro (1898) e *O homossexualismo: a libertinagem no Rio de Janeiro* (1906), de Pires de Almeida, ambas fortemente influenciadas por teorias homofóbicas vigentes na Europa vitoriana.

Data de 1930 o primeiro e mais enfático romance brasileiro dedicado exclusivamente ao lesbianismo: *O terceiro sexo*, de Odilon Azevedo, no qual lésbicas operárias fundam uma associação destinada a substituir os homens no controle do poder, articulando-se aí, pela primeira vez no Brasil, quiçá na América Latina, um discurso lésbico-feminista ultra-radical.

É somente nos meados dos anos 70 que também no Brasil os gays e lésbicas concretizarão o sonho do "terceiro sexo" do citado romance: em 1976 é fundado o principal jornal gay de nossa história, *O Lampião*, provocando, indiretamente, o surgimento do Movimento Homossexual Brasileiro (MHB), com a fundação do Grupo Somos em São Paulo. Em 1980 é realizado o 1º Encontro Brasileiro de Homossexuais, existindo então por volta de 20 grupos organizados. Com o surgimento da epidemia da Aids, muitos militantes gays baldeiam-se para as Organizações Não-Governamentais (ONGs/Aids), desaparecendo a maior parte dos grupos após poucos anos de funcionamento. Nos inícios dos anos 90 o MHB toma novo impulso, atingindo hoje o número máximo de entidades: 6 grupos de lésbicas, 10 grupos de travestis e transexuais e aproximadamente 80 de gays, tendo sido fundada em 1995 a Associação Brasileira de Gays, Lésbicas e Travestis.

Nestas duas décadas de existência, o MHB apesar de sua pequenez, da pobreza de sua infra-estrutura institucional e de ter passado por graves momentos de retração, obteve importantíssimas vitórias que equiparam-no às principais entidades do 1º Mundo: em 1983, após renhida batalha jurídica, o Grupo Gay da Bahia conseguiu seu registro como "sociedade civil defensora dos direitos dos homossexuais", abrindo caminho para dezenas de entidades congêneres hoje constituídas civilmente. Em 1985, após a obtenção de mais de 16 mil assinaturas, incluindo celebridades do meio artístico, político e acadêmico, conseguimos que o Conselho Federal de Medicina declarasse sem efeito no país a classificação da homossexualidade como "desvio e transtorno sexual", medida adotada pela Organização Mundial de Saúde somente em 1994. Em 1988 não conseguimos incluir no novo texto constitucional a expressa proibição de discriminação baseada na orientação sexual, mas em 1990 fomos vitoriosos, pois em Salvador, e depois em mais 73 cidades de Norte a Sul do país, e nas Constituições Estaduais do Mato Grosso, Sergipe e Brasília, pela primeira vez na América Latina, o crime não é mais ser homossexual, mas sim discriminar os gays e lésbicas. Nos últimos anos da década de 90 e início do século XXI, importantes leis municipais e estaduais foram aprovadas proibindo e punindo a discriminação aos homossexuais, incluindo São Paulo, Minas Gerais, Rio de Janeiro etc.

Apesar destas significativas vitórias e da crescente visibilidade homossexual em nosso país, o Brasil destaca-se também no cenário mundial como um dos campeões da violência antigay.

De 1980 até o presente, mais de 2.100 homossexuais foram violentamente assassinados, vítimas de crimes homofóbicos, perfazendo uma média de um assassinato a cada três dias!

É exatamente para erradicar esta abominável contradição que se faz urgente ao movimento homossexual brasileiro tornar-se um movimento de massas e com sólido apoio dos "simpatizantes", pois a mesma sociedade que aplaude as travestis no carnaval e cultua nas religiões afro-brasileiras divindades metade homem, metade mulher, esta mesma sociedade trata os gays e lésbicas como a minoria social mais odiada, negando-nos os direitos elementares de igualdade e cidadania. É legal ser homossexual! Somos milhões e estamos em todas as partes!!!

[Perfil sexual do brasileiro]

Muita gente pensa e costuma dizer que o sexo é uma reação instintiva e que o simples fato de se ter um pênis implica uma atração incontrolável por uma vagina, e vice-versa. E que os homossexuais, por gostarem do mesmo sexo, estariam indo contra a natureza. Os mais crentes dizem: se Deus quisesse a presença de gays e lésbicas, teria criado Adão e Adão ou Eva e Eva. Tiro de letra estes argumentos infantis.

A Antropologia, a Ciência da Humanidade, tem explicação para estas duas suposições equivocadas. Primeiro: a sexualidade humana, assim como a dos animais, está ligada a órgãos sexuais específicos — que distinguem o macho da fêmea. Igual aos animais irracionais, também nós, humanos, temos atração sexual, só que a razão determinante de nosso impulso sexual — assim como dos animais — é uma só: a busca do prazer. A satisfação da libido. O gozo. A reprodução é uma conseqüência e não a razão primeira do impulso sexual.

Os mais conservadores costumam dizer que o sexo se destina à conservação da espécie. Claro que sim. É através do óvulo e do espermatozóide, produzidos pelos ovários e testículos, que as espécies animais mais evoluídas se reproduzem. Mas seria idiota pensar e afirmar que quando o cachorro está cruzando com a cadela, ambos estão pensando e planejando perpetuar a espécie canina. Se fosse assim, como explicar a relação estéril de um peru quando trepa com uma pata? E mais de 300 espécies animais documentadas pelos zoólogos e estudadas pelo etologistas, cujos machos transam entre si e fêmeas transam com fêmeas, sem que destas relações nasçam filhotinhos?! A sacanagem e a busca do prazer pelo prazer existe também na natureza, foi planejada pelo Criador e não pela mente "pecadora" dos homens, ou dos demônios. Portanto, Santo Tomás de Aquino, o Doutor Angélico, autor da *Suma teológica*, considerado quiçá o maior intelectual da Igreja, estava redondamente enganado quando rotulou a homossexualidade de "*contra natura*", pois basta olhar qualquer galinheiro para se concluir que é natural, no reino animal, a prática homossexual.

A mesma argumentação também derruba a idéia dos ignorantes mais místicos, que citam os mitológicos Adão e Eva como prova de que o Criador pensou apenas no sexo heterossexual-reprodutivo, e que a união sexual de homem com homem e de mulher com mulher iria contra os planos divinos.

É elementar que para reproduzir faz-se necessária a presença de um homem e uma mulher — melhor dizendo: hoje em dia, com os progressos da fecundação *in vitro* e da genética, basta a existência de um óvulo e um espermatozóide, dispensando-se a conjunção de um pênis com uma vagina para a geração de novos seres humanos. Repito: ninguém negaria a necessidade de um homem (Adão em hebraico) e de uma mulher (Eva na língua do Gênesis) ou de um casal de *Pitecantropus Erectus* para a reprodução e perpetuação de nossa espécie.

Mas quem disse que pênis e vagina foram feitos apenas para reprodução? Se o Criador nos deu o livre-arbítrio, a liberdade inclusive de comer o fruto proibido da "árvore da ciência do bem e do mal", foi esse mesmo Deus-Pai (hoje chamado com justeza de Deus-Pai-e-Mãe pelas feministas) quem botou em nossa mente a imaginação do erotismo, da utilização de todo nosso corpo para a busca e satisfação dos prazeres mais variados. Boca é para comer — os manuais de medicina chamam a boca de abertura do aparelho digestivo —, mas boca também é para falar, cantar, tocar instrumentos musicais, beijar, lamber ou chupar órgãos sexuais alheios, tomar remédio, assobiar, cuspir, mostrar a língua etc. Reduzir a boca apenas à função alimentar seria tornar o homem um ser mudo, sem música, sem sexo oral, sem beijo de amizade ou beijo apaixonado do tipo "desentope pia"... Nem sequer poderíamos louvar o Criador com hinos e cânticos ou blasfemar contra a virgindade de Maria Santíssima!

Esta introdução visa preparar a cama para analisar alguns aspectos da sexualidade dos brasileiros tal qual foi revelada através de uma pesquisa realizada pela Agência Folha de S. Paulo em janeiro de 1998, abrangendo uma amostra de mais de 2 mil informantes e cobrindo 94 cidades de norte a sul do país. Uma amostra, portanto, bastante significativa, embora muitíssimo inferior ao ainda insuperável Relatório Kinsey. Alguns resultados desta pesquisa permitem-nos desenhar o seguinte perfil da sexualidade do brasileiro contemporâneo:

    43% têm muito interesse por sexo
    78% têm parceiro fixo
    14% homens são homossexuais
     5% mulheres são homossexuais
    47% fazem sexo ao menos uma vez por semana
    53% praticam sexo oral
    30% praticam sexo anal

33% se masturbam ao menos uma vez por mês
25% sempre usam camisinha
49% nunca usam camisinha
65% nunca fizeram sexo com prostituta
43% acham que mulher deve casar virgem
18% acham que homem deve casar virgem
63% acham a masturbação saudável
62% têm medo de pegar Aids

Os brasileiros em geral e os negros em particular pavoneiam uma auto-imagem exageradamente favorável a respeito do ardor de sua *performance* erótica, da grandeza de suas genitálias e de sua potencialidade sexual. Daí o sucesso dos "ricardões" e das "mulatas sargenteli" em nosso imaginário social e na expectativa dos estrangeiros quando fantasiam transar com nativos do Brasil. O depoimento de incontáveis brasileiros e brasileiras que transaram com estrangeiros comprova o contrário: os gringos em geral são muito mais fogosos, soltos sexualmente e ostentam membros até mais avantajados que nossos machos e fêmeas.

A publicidade desta auto-imagem sexual exageradamente favorável vem dos tempos da conquista, quando os europeus vendo tanta índia nua, "com suas vergonhas raspadinhas", e depois, tanto negro seminu, com seus corpos tentadores à mostra, verdadeiros diabos eróticos ao alcance da mão dos reprimidos conquistadores brancos, estes logo passaram a divulgar a idéia de que "abaixo do equador não há pecado" — imagem teorizada por Gilberto Freyre e Ronaldo Vainfas e cantada em prosa e verso por Caetano Veloso e Ney Matogrosso, entre outros.

[Perfil sexual do brasileiro] **[29]**

Esta instigante pesquisa do Datafolha, Sexualidade dos Brasileiros, permite-nos uma leitura menos ufanista de nossas cultura e prática sexuais: só 35% dos entrevistados consideram o brasileiro totalmente liberado; 78% têm parceiro fixo; apenas 18% fazem sexo todo dia; não mais que 34% deram nota 10 ao seu parceiro de cama; 18% nunca se masturbaram; 30% nunca praticaram sexo oral; 54% nunca tiveram relação sexual com pessoa de outra raça; só 12% já transaram com profissionais do sexo; 43% consideram que a mulher e 18% que também o homem devem casar virgens; 64% dos entrevistados avaliaram a prostituição como uma imoralidade a ser evitada; tão-somente 9% dos homens e mulheres assumiram já ter mantido relações homoeróticas.

Tais dados obrigam-nos a redimensionar certos axiomas repetidos por apressados intérpretes da cultura brasileira — sobretudo antropólogos — no mais das vezes com débil respaldo estatístico além do próprio achômetro: onde fica a ilação de Roberto da Matta de que o "bumbum" é nossa preferência nacional, quando só 30% dos informantes disseram já ter praticado sexo anal?! E a propalada bissexualidade do brasileiro, menina dos olhos de Peter Fry, onde estará, se apenas 14% dos homens entrevistados assumiram práticas com o mesmo sexo e tão-somente 1% dos homens disse ser indiferente transar com homens ou mulheres?! E mesmo como sustentar a impressão de Richard Parker de que, dentro de quatro paredes, o brasileiro não tem limites, se 44% dos entrevistados nunca praticaram sexo anal?

Dois aspectos desta importante pesquisa chamaram particularmente a atenção deste antropólogo gay da Bahia: a homossexualidade e a questão racial.

Quatorze por cento dos varões responderam já ter mantido relações com o mesmo sexo, sendo 5% as mulheres que assumiram relações homossexuais, perfazendo uma média de 9% se reunidos ambos os gêneros. Tais dados contrastam com a mais famosa e completa pesquisa sexológica até hoje realizada no mundo, o Relatório Alfred Kinsey, que em 1948 encontrou 37% de homens que já tinham chegado a mais de um orgasmo com o mesmo sexo. Se lembrarmos que a pesquisa de Kinsey foi realizada entre brancos norte-americanos, predominantemente protestantes, há meio século, coloca-se inevitavelmente a questão: ou os gringos são muito mais gays que a gente, ou nossos informantes são muito mais reprimidos em assumir o que fazem dentro de quatro paredes ou no escurinho do cinema... Pessoalmente, tendo mais para esta segunda hipótese: os 9% de brasileiros que disseram já ter mantido relações homoeróticas representam tão-somente os gays e lésbicas assumidos — número aliás que se aproxima da Escala Kinsey. A grande maioria dos brasileiros tem tanto medo da homossexualidade, medo cientificamente chamado de homofobia — que embora já tendo transado muitas vezes com o mesmo sexo, não arrisca, mesmo num questionário anônimo e sigiloso, assumir este amor proibido — rejeitado por 80% dos formadores de opinião, segundo pesquisa anterior do próprio Datafolha. Portanto, o número de brasileiros com experiência homoerótica em sua biografia deve ultrapassar, de fato e em muito, os 9%.

A outra questão a merecer maior atenção é o conservadorismo moralista da população negra (9% da amostra): 54% dos afro-brasileiros acham que a mulher deve casar virgem — em oposição a 43% da população total. Os negros apresentam a mais alta taxa dos que acreditam que homossexualismo é doença e safadeza; se opõem mais do que as outras raças à união civil de homossexuais e adoção de crianças pelos mesmos; os negros, mais do que os brancos e pardos, consideram a masturbação prática imoral que deve ser evitada. Eis aí instigantes pistas para futuras pesquisas qualitativas e que podem explicar, ao menos em parte, a reação violenta com que certas lideranças afro-brasileiras reagiram à hipótese de Zumbi dos Palmares ter sido um quimbanda praticante do amor cujo nome era tabu ser pronunciado...

[Alcova gay: verdades e mentiras]

Diz o ditado popular que o diabo não é tão feio como parece. A mesma coisa digo eu em relação aos homossexuais: os viados não são tão sacanas e promíscuos como o povo imagina. E vou mais além: a sexualidade e o erotismo dos gays não são tudo aquilo que os heteros imaginam. Tentarei aqui destrinçar algumas verdades e mentiras sobre o erotismo gay.

Como durante dois mil anos o amor entre pessoas do mesmo sexo foi considerado crime merecedor da pena de morte, sendo proibido até mesmo pronunciar seu nome — daí ser poeticamente chamado por Oscar Wilde de "amor que não ousava dizer o nome" — uma série de mentiras e mitos foram inventados e repetidos de geração em geração, reforçando preconceitos, justificando discriminações, aumentando o estigma contra os sodomitas, pederastas, uranistas, perversos, libertinos, homossexuais, viados, invertidos, desviados, boiolas, chibungos, frangos, bichas etc. etc.

Um primeiro mito é que todo gay tem dentro de si uma mulher acorrentada. Puro equívoco: algo como 99% dos homossexuais estão satisfeitos em ser homens, gostam de seu pênis, não aspiram em tornar-se nem travesti nem mulher. Alguns poucos podem até ter trejeitos efeminados e entre si, de forma irreverente, se chamarem de "mona", "mulher" etc. A grande maioria dos gays está feliz com seu corpo e com seu modo de ser masculino.

Mais ainda: muitos gastam tempo e grana para parecer ainda mais machos, praticando musculação, criando barba e bigode, usando roupas e adotando estilo supermasculino, de *cow-boy*, militar etc. E nunca é demais recordar que aparência exterior não equivale necessariamente a preferência erótica: um gay socialmente delicado pode, na cama, virar um insaciável ricardão-comilão. E vice-versa, é claro.

Um segundo mito muito divulgado é que todo homossexual é um viciado em sexo, um sexófilo insaciável. Outros vêem o gay como sinônimo de profissional do sexo, sempre disponível e à procura de clientes. Mito, exagero, miopia de observação! O Grupo Gay da Bahia há duas décadas vem realizando pesquisas sistemáticas com diferentes categorias de homossexuais e constatou que muitos gays passam meses seguidos sem ter sequer uma relação sexual! Outros declararam não ter transado nem uma só vez durante os cinco dias de folia do carnaval baiano. Mesmo as travestis profissionais do sexo, que vivem da prostituição, mantêm uma média de quatro transas por noite — embora nem sempre cheguem a gozar nem mesmo uma vez todos os dias.

Terceiro mito: homossexualidade seria sinônimo de cópula anal. Tão arraigada está no imaginário popular esta idéia que, desde a Idade Média, os cristãos passaram a associar "sodomia" a "homossexualidade", rotulando os gays de "sodomitas", isto é, amantes da penetração anal. Ledo engano: primeiro porque na própria origem do mito de Sodoma não há referência explícita a que os habitantes daquela cidade vivessem comendo uns aos outros ou quisessem "sodomizar" os forasteiros; segundo, porque muitas mulheres heterossexuais sentem e gostam do prazer anal, sem falar nos homens que querem que suas parceiras metam o dedo ou outros objetos penetrantes dentro de seu ânus; terceiro, porque tem muito gay, do mais machudo ao mais efeminado, que simplesmente não gosta nem de ser comido, nem de comer cu de ninguém. Portanto, homossexualidade é uma coisa, "analidade" é outra.

Quarto mito em relação à homossexualidade: todos os gays são potencialmente perigosos molestadores de crianças. Sobretudo na Inglaterra e nos Estados Unidos, este preconceito é tão forte que a legislação impedia aos homossexuais ensinarem em escolas infanto-juvenis, muitos pais manifestando-se abertamente contra a presença de professores gays nos estabelecimentos de ensino. Pesquisas bastante sérias e exaustivas comprovam o oposto: são os heterossexuais que mais abusam sexualmente de crianças e adolescentes, com 90% de superioridade em relação aos gays (10%). Pedofilia (atração por crianças impúberes) e pederastia (atração por adolescentes) são tendências tanto homo quanto heterossexuais, embora a sociedade geralmente aceite o namoro e abençoe o casamento de um homem adulto com uma ninfeta, enquanto condena, lincha e executa sumariamente nos presídios, o pederasta homossexual.

O quinto mito surgiu nas últimas duas décadas — e apesar de tão moderno, já alastrou-se por todo o planeta: os homossexuais são transmissores da peste gay. Teve "cientista" que chegou a declarar que o HIV era um vírus gay. Outros imaginaram que havia uma predisposição orgânica do gay para se contaminar pelo vírus da imunodeficiência humana. Há fortes evidências nas pesquisas de respeitáveis cientistas que sinalizam o oposto: que a Aids surgiu entre populações heterossexuais; nada predispõe organicamente o gay para ser infectado pelo HIV; só no Ocidente, e acidentalmente, os homossexuais se tornaram a população mais atingida pelo HIV, mas, em contrapartida, formam o grupo que melhor tem respondido à prevenção da "epidemia do século", sendo inclusive, os inventores do *safe sex*, o sexo sem risco.

A homossexualidade deve ser um desafio, e não um tabu, para a ciência e para a opinião pública!

[Violência sexual infanto-juvenil]

Faço parte dos 10% da população infanto-juvenil que foi vítima de violência sexual: desde que me lembro como gente, fui estuprado psicologicamente. Não sofri violência sexual física, a não ser um tímido assédio por parte de um tio, que, por meu desinteresse, consegui abortar no nascedouro. Porém, durante toda minha infância e adolescência, fui sexualmente torturado dia após dia. Várias vezes por dia. E o pior de tudo, pessoa alguma jamais manifestou o menor apoio, solidariedade ou compaixão com aquele menininho que mesmo antes de chegar à idade da razão — e da primeira comunhão! — se deu conta de que era diferente de seus irmãos, primos e coleguinhas Eu era mariquinha!

Ainda nem pensava em sexo, e já carregava o peso insuportável da discriminação: a molecada me xingava de mulherzinha! Eu era e me sentia diferente. Em vez de jogar futebol, preferia ficar sentado do lado de minha avó, ouvindo suas conversas com as amigas. As roupas de mulher me fascinavam. Certa vez uma de minhas irmãs reprovou meu novo penteado: "cabelo dividido no meio é coisa de almofadinha" Fui obrigado a pentear o cabelo para trás

Aos oito anos recebi enorme bronca por ter passado *rouge* no rosto. Era forçado a ir jogar futebol como antídoto à minha incontrolável efeminação. Embora adorasse brincar de casinha e, sobretudo, fazer comidinha, internalizei a homofobia dominante em nossa sociedade heterossexista: não aceitei e reprimi a possibilidade de ser homossexual.

Ao entrar na adolescência e começar sentir atração sexual não por meninas, mas por rapazes, rejeitei essa abominável tendência, suplicando a Nosso Senhor que me livrasse dessas tentações diabólicas. Como tantos outros jovens homossexuais, chorei muito, inconformado com esta maldição irrefreável que era alvo de tantos insultos e humilhações. Pensei várias vezes em suicídio.

O pior de tudo era a falta de luz neste poço de solidão: ninguém que me esclarecesse sobre este desejo que se tornava cada vez mais forte, nenhum modelo positivo que me servisse de inspiração: ao contrário, minha maneira natural de ser e de me afirmar como ser humano era considerada por todos como pecado, descaração ou anormalidade.

Estima-se que uma em cada quatro famílias abriga em seu seio um filho ou parente homossexual. Segundo os especialistas em sexualidade humana, todos somos originalmente bissexuais — ou perversos polimorfos, como pontificou o Dr. Freud — cabendo à moral dominante a canalização de nossa libido apenas para uma direção: a heterossexualidade. Fazemos parte de uma sociedade intolerantemente heterossexista: só é legítimo e permitido o sexo do tipo "papai-mamãe", todas as demais expressões eróticas são pecado, crime ou tratadas como aberração.

Ensina, porém, a Psicologia que mesmo antes de aparecerem os primeiros pêlos pubianos, já se define a orientação sexual dos meninos e meninas: a maioria será heterossexual (por volta de 60%), um número elevado há de ser bissexual (uns 30%) e segundo o Relatório Kinsey, de 6 a 10% serão predominantemente ou exclusivamente homossexuais.

Diz a Sociobiologia que esta seria uma regularidade da natureza humana, e a Antropologia e a Etno-história provam que nem as fogueiras da Inquisição, nem os campos de concentração nazistas ou a Aids foram capazes de inibir o aparecimento de novos homoeróticos. De acordo com pesquisas de Ford & Beach, representam 64% as sociedades humanas favoráveis aos homossexuais e 36% — entre essas nosso triste mundo ocidental — as que condenam o amor unissexual.

Intolerância homofóbica que no Brasil não fica nada a dever às piores torturas inquisitoriais: nos arquivos do Grupo Gay da Bahia há dezenas de registros de meninos e adolescentes que sofreram todo tipo de violência física quando seus pais descobriram que eram viados: humilhação, insultos, espancamento e expulsão de casa. Um destes levou uma surra tão forte de seu pai, na frente da vizinhança, que teve de ir para o pronto-socorro para engessar um braço; outro, ao ser surpreendido fazendo troca-troca com um coleguinha, sua mãe preparou um molho de pimenta malagueta, misturou numa garrafa de refrigerante e com pressão do gás meteu dentro do ânus do pobrezinho, repetindo a mesma sentença ainda hoje proferida pelo Brasil afora: "Prefiro um filho morto do que bicha!" Há poucos dias recebemos a visita de Alex, uma minitravesti de 12 anos, que fugiu de casa após uma surra com cipó-caboclo, e que encontrou na prostituição a única saída para não morrer de fome.

Já é tempo para que também o Brasil saia desta barbárie e estanquemos tamanha violência contra os jovens homossexuais. Neste sentido, é fundamental que o Estatuto da Criança e do Adolescente tenha uma leitura mais humanitária e menos homofóbica, tornando-se instrumento legal na defesa da livre orientação sexual dos jovens.

Pretender "curar" um filho gay ou uma filha lésbica fere um direito humano fundamental: a livre orientação sexual. Se a homossexualidade não é doença ou crime, por que impedir aos jovens homossexuais o livre exercício de sua identidade existencial? "A criança e o adolescente têm o direito à liberdade, ao respeito e à dignidade como pessoas humanas" (artigo 15). Humilhar, insultar ou castigar uma criança ou adolescente, simplesmente porque demonstra tendência homossexual, é um acinte contra o artigo 17 do Estatuto, que define: "O direito ao respeito consiste na inviolabilidade da integridade física, psíquica e moral, abrangendo a preservação da imagem, da identidade e da autonomia". Impedir que crianças e adolescentes desenvolvam livremente sua orientação homossexual viola o artigo 18 da mesma Lei, que determina: "É dever de todos velar pela dignidade da criança e do adolescente, pondo-os a salvo de qualquer tratamento desumano, violento, atemorizante, vexatório ou constrangedor."

Portanto, urge que a Presidência da República e os órgãos governamentais competentes, ao assumirem a Campanha Nacional de Combate à Violência contra a Criança, condenem não apenas a exploração sexual e prostituição infanto-juvenil, mas também o estupro psicológico e as intimidações e violências físicas praticadas contra os jovens homossexuais.

Educação sexual científica nas escolas e punição dos homófobos é um primeiro passo para se corrigir tais abusos. Afinal, a Constituição Federal estipula como um dos objetivos fundamentais da República "lutar contra todas as formas de preconceitos". E a homofobia, comprovadamente, é ainda o principal preconceito existente em nossa sociedade. A livre orientação sexual infanto-juvenil também é direito humano fundamental!

[O futuro da homossexualidade]

Nos países mais civilizados do mundo, os homossexuais têm um *slogan* que costumam repetir em todas aparições públicas, seja em conferências acadêmicas ou manifestações políticas: "Somos milhões, estamos em toda parte e o futuro é nosso!"

Pesquisas científicas comprovam que de fato milhões de gays, lésbicas, travestis e transexuais se espalham por todo o universo. Segundo o inquestionável Relatório Kinsey, a maior e mais respeitada investigação sexológica até hoje realizada no mundo, 10% da população ocidental são constituídos predominante ou exclusivamente por praticantes do homoerotismo, possuindo portanto o Brasil, na virada do milênio, de 15 a 20 milhões de amantes do mesmo sexo. População assaz significativa — se compararmos, por exemplo, com os 300 mil índios existentes no país.

O que levaria os gays e lésbicas a acalentarem sonho tão otimista, de que "o futuro está do lado dos homossexuais"? Seria simples retórica para compensar um presente tão hostil, uma paródia do versículo evangélico de que "os últimos no presente serão os primeiros no futuro"?

Infelizmente, verdade seja dita, somos obrigados a reconhecer que de todas as chamadas "minorias sociais", no Brasil e na maior parte do mundo, os homossexuais continuam a ser as principais vítimas do preconceito e discriminação. Todos nós já ouvimos mais de um pai declarar: "prefiro ter um filho ladrão do que homossexual"! Quantos de nós protestamos contra a absurda declaração de uma alta patente do Exército, que sugeriu a pena de morte para aquele desastrado tenente-coronel surpreendido em ato homoerótico dentro de seu veículo numa artéria da Cidade Maravilhosa?! Meses após este escândalo, o infeliz coronel gay encontrava-se na UTI, vítima de uma pedrada desferida por um agressor ainda desconhecido da polícia. Tudo isto na virada do terceiro milênio e quase dois séculos após a extinção da Inquisição.

A meu ver, mais do que simples *Ersatz* ou triunfalismo demagógico, o que leva os homossexuais do mundo inteiro a apostarem que a partir do século XXI os amantes do mesmo sexo terão seus plenos direitos de cidadania universalmente reconhecidos é que, de fato, a admissão dos direitos humanos desta minoria sexual vem crescendo *pari passu* com os progressos da civilização.

Se tomarmos como exemplo a história do Brasil, somos obrigados a reconhecer uma transformação radical de nossas leis em relação ao "amor igual". Durante os três primeiros séculos de nossa história, o homossexualismo era apelidado de "abominável e nefando pecado de sodomia" — crime equiparado e castigado com igual rigor do regicídio e da traição nacional. Quer dizer: dois homens que se amassem deviam ser punidos com a mesma severidade como os inculpados em crime de lesa-majestade. "Por causa da sodomia, Deus envia à Terra pestes, inundações, fomes e mortandades — pois é o mais torpe, sujo e desonesto pecado!", vociferava o Direito Canônico ainda no tempo de nossos tetravós.

Salta aos olhos, mesmo aos dos mais intolerantes, o absurdo de tanta severidade e indignação moral, pois condutas anti-sociais extremamente deletérias, como o estupro, a sedução de menores, o canibalismo e até o matricídio, eram considerados crimes menos graves do que o amor unissexual. Por três séculos os "fanchonos", como eram chamados os gays no Brasil de antanho, foram vítimas da mais cruel perseguição por parte d'El Rei, do Bispo e da Santa Inquisição. Denunciados como os inimigos públicos nº1, gays e lésbicas eram presos nos cárceres secretos do Santo Ofício, seus bens seqüestrados, julgados sem direito a apelação, açoitados, sentenciados nos autos-de-fé, degredados alguns para o além-mar, outros queimados na fogueira. Os familiares de tais "criminosos" ficavam inábeis e estigmatizados por três gerações: era a morte civil da infeliz família.

Foi somente às vésperas de nossa Independência, por influência liberalizante do Código de Napoleão, que, em 1821, com a extinção do abominável tribunal da Inquisição, a sodomia deixou de ser crime. Foi o primeiro passo a caminho da cidadania dos "pederastas" — termo comum no tempo de nossos bisavós. As trevas do medievo começavam a se dissipar no alvorecer do século das luzes. Juntamente com as fantásticas invenções modernas — a energia a vapor, a eletricidade, o telégrafo, o cinema, a penicilina, e tantas novidades que modificarão vertiginosamente o *modus vivendi* não só das metrópoles, mas também da periferia subdesenvolvida. O mundo começa então a perceber que também os negros e indígenas haviam nascido para a liberdade; que também as mulheres e crianças deviam ter seus direitos respeitados nesta nova sociedade; que a cidadania devia ser estendida igualmente ao emergente proletariado. Novas idéias e explicações do mundo e da história dos homens questionam o imobilismo dos antigos dogmas: Darwin, Comte, Durkheim, Havellock Ellis, Marx, Freud consolidam as Ciências Sociais e da Personalidade. É a instauração de um novo humanismo, democrático e universalista, centrado na busca da felicidade aqui mesmo na Terra.

Serão necessários três quartos de século após a descriminalização da homossexualidade para que um autor tupiniquim, o cearense Adolfo Caminha, ouse escrever um romance, em que uma relação homossexual é descrita naturalisticamente, sem escândalo e livre dos anátemas do Velho Testamento: *O bom crioulo* (1895) é um marco literário na visibilidade deste segmento social até então trancado a sete chaves em nosso meio social, artístico e literário.

No início da década de 30 é a vez das lésbicas terem seu *début* como protagonistas de um romance: *O terceiro sexo*, de Odilon Azevedo, é uma espécie de utopia libertária, mostrando o itinerário de uma lésbica radical que planejou a derrubada da supremacia machista e a tomada do poder pelas discípulas de Safo. Nos anos 60, apesar da ditadura hegemônica do heterossexismo, de a maioria absoluta dos homossexuais continuarem escondidos na gaveta, malgrado a perseguição policial contra as minorias sexuais e a patologização dos amantes unissexuais, que continuavam a ser tratados pelos médicos com doses cavalares de hormônios ou até com transplantes de testículos de macacos, os gays e travestis tornam-se cada vez mais visíveis e abusados, brilhando nos bailes de carnaval, concursos de fantasia, na televisão, no cinema, nas artes e nos meios de comunicação. A desmunhecação de Denner e Clodovil, o exibicionismo de Roberta Close, todo este frenético *coming out* (assumir-se) culmina em 1978 com a fundação de nosso primeiro jornal homossexual, *O Lampião*, e em 1979 do pioneiro grupo brasileiro de libertação homossexual, o Somos, secundado um ano depois pelo GGB, o Grupo Gay da Bahia, hoje tornada a mais antiga e dinâmica entidade da classe.

Portanto, somente após 150 anos após a descriminalização da homossexualidade que alguns poucos gays e lésbicas ousam identificar-se e proclamar aos quatro ventos: "É legal ser homossexual!" Legal na dupla acepção do termo: porque a Lei protege os homossexuais e porque as ciências garantem que as três orientações sexuais — homossexualidade, bissexualidade e heterossexualidade — são igualmente legítimas, saudáveis e naturais. Foram ainda necessários alguns anos para ser fundada, na última década do século XX, a primeira Associação Brasileira de Gays, Lésbicas e Travestis, congregando por volta de 100 grupos do Oiapoque ao Chuí.

Os anos 90 foram marcados por grandes progressos no reconhecimento da cidadania das minorias sexuais — substrato legal e institucional que nos permite conjeturar, com sólido otimismo, um futuro melhor para os homossexuais no século XXI. 1990 representa uma data fundamental para a consolidação dos direitos humanos dos homossexuais no Brasil e na América Latina: em Salvador, em abril de 90, pela primeira vez em toda história continental, é aprovada Lei Orgânica Municipal, com o dispositivo proibindo a discriminação por orientação sexual, exemplo seguido por 74 municípios de norte a sul do país e por três constituições estaduais — Mato Grosso, Sergipe e Distrito Federal — e recentemente por Buenos Aires, a primeira cidade de língua espanhola da América Latina a defender a cidadania dos gays e lésbicas. Assim sendo, 175 anos após o fim da Inquisição, o crime deixou de ser a prática da homossexualidade, passando a ser delito a discriminação aos homossexuais. Daí a euforia dos gays, ao proclamarem: "O futuro é nosso!"

É portanto escorado nestas conquistas tão importantes que descortino um futuro esperançoso e brilhante para mais de 10% dos brasileiros praticantes do amor unissexual. Futuro em que a alegria, as purpurinas e os paetês, tão ao gosto da estética gay, e o amor e a liberdade de amar hão de se tornar patrimônio universal de toda a humanidade. Afinal, "gente nasceu para brilhar, não para morrer de fome..."

A propósito: apesar desta euforia e otimismo, a homofobia continua fazendo do Brasil o campeão mundial de assassinato de homossexuais. A cada três dias, os jornais divulgam que mais um homossexual foi barbaramente assassinado, vítima do machismo homofóbico. O pior, além do número espantoso destes homicídios, é a morosidade e inércia das Delegacias de Polícia e da Justiça em apurar, prender, processar e condenar os matadores de homossexuais.

Depende de nós, da pressão de gays, lésbicas, travestis e transexuais — e do apoio da numerosa tribo dos simpatizantes — fazer com que o século XXI represente a conquista definitiva e universal de nossa utopia: o direito de amar.

[Bichas de terceira idade: o alegre fim dos solteirões]

Sintomático: as duas únicas imagens a mim transmitidas em minha adolescência a respeito dos homossexuais estavam redondamente equivocadas. A primeira, quando estudante em Juiz de Fora, ouvida de um professor de História, depois tornado ministro da Cultura de Itamar Franco (este último maldosamente chamado de "Shirley" por Jader Barbalho), dizia que "o Império Romano fora destruído por causa da homossexualidade!" Ledo engano: renomados historiadores garantem que Roma caiu devido a contradições internas da sociedade romana, nada a ver com os amores homoeróticos de Nero ou Adriano.

A segunda imagem que ficou de minha adolescência é que todo homossexual estaria condenado à solidão na velhice, vegetando sozinho e abandonado, num quartinho sombrio de uma pensão de quinta categoria.

Obviamente que esta última imagem, tão negativa, da bicha velha abandonada, tem um objetivo certo: assustar os jovens para que não enveredem pela homossexualidade, pois ninguém é doido de querer para si um futuro tão sombrio e desgraçado.

Ao longo de meus trinta anos de vivência homossexual bastante intensa e diversificada, posso garantir que nada é mais falso do que aquela visão negativista do triste futuro das bichas velhas.

Primeiro, porque mesmo já tendo ultrapassado meio século de vida, ainda vejo a velhice como algo distante, não só porque continuo jovem de espírito, muitas vezes, mesmo um menino brincalhão, como também, igual à maioria dos gays maduros, construí um patrimônio suficientemente sólido — pagando o INPS e plano de saúde, além de ter aposentadoria garantida e casa própria — recursos, portanto, que me garantem um futuro, quando menos, num hotel de várias estrelas... e não numa pensãozinha de beira de estação.

E tem mais: estou cada vez mais convencido de que independentemente de ser homo ou heterossexual, no mundo moderno urbano, qualquer velho ou velha está ameaçado de ser abandonado pela família num asilo, de tal sorte que ter filhos e netos não é garantia para ninguém de que será acolhido e mantido no seio da família quando a velhice e os achaques se tornarem insuportáveis mesmo para os entes mais queridos.

Nós, gays, pelo fato de não reproduzirmos descendentes biológicos, criamos laços e entabulamos relações de amizade e coleguismo que podem ser tão duradouras e às vezes até mais profundas e gratificantes, do que os laços de sangue. Como diz a sabedoria popular, família a gente não escolhe, os amigos, sim. E depende de cada um escolher e selecionar seleta plêiade de bons amigos, daqueles que se guardam no lado esquerdo do peito... e, de preferência, homossexuais que compartilhem nosso mesmo universo social e cultural, para envelhecermos juntos. Enquanto homossexuais, podemos ainda contar com outra possível vantagem: a existência de jovens gays que, desinteressadamente, curtem homens mais velhos, alguns preferindo inclusive os de cabelos brancos, barrigudos etc. Um presente dos deuses que existam pessoas com gosto tão generoso...

Todas estas reflexões me vieram à cabeça motivadas por uma cena que presenciei em minha última viagem ao Ceará, em março de 2001, sentado num banco na Praça do Ferreira, a maior do centro de Fortaleza. Trata-se de uma das praças mais simpáticas do Nordeste, ampla, ajardinada, com uma fileira de bancos confortáveis que a circundam completamente, dando direito, a quem aí se senta, a uma refrescante e convidativa corrente de ar, uma frescura deliciosa.

Passava das sete da noite quando ocupei um dos bancos desta praça. O ventinho era um bálsamo contra o calor de trinta graus. Coincidentemente, ao olhar para os bancos da direita, me dou conta de que lá conversavam, animadamente, um grupo de uns dez gays, todos de meia-idade, aos quais travestis e homossexuais das classes populares costumam chamar de "mariconas". Pois bem: lá estava aquele bando de mariconas, umas mais gordas, outras magrinhas, quase todas de bermuda e sandália, muitas com pinta de aposentadas, duas com calça de tergal, sugerindo uniforme de funcionário de banco.

Lá estava, portanto, uma profusão de bichas velhas, socializando alegremente, aproveitando a fresca do começo da noite, contando as últimas novidades, fofocando, rindo, se divertindo. Vendedores de picolés, pitombas, água mineral abasteciam o grupo de quando em vez. Alguns destes jovens ambulantes demonstravam certa familiaridade com as mariconas, sugerindo que talvez já tivessem transado em outras ocasiões. Ou investindo para proveitosas transas no futuro.

Durante a hora e meia que lá estive observando, a movimentação era incessante: outras bichas velhas continuaram a chegar; diversos rapazes de 20 e poucos anos se aproximaram, cumprimentando as conhecidas, sendo apresentados às desconhecidas com vistas a engates futuros; uma travesti também veterana, que mais parecia uma respeitosa senhora mãe de família, entabulou longa conversação com um dos gays de sua mesma idade.

Enfim: todo mundo estava alegre, comunicativo, descontraído — aproveitando a frescura da noite, servindo de público para uma bichinha mais nova ultra-afetada, que aproveitou a platéia para contar um longo caso, que pela sua gesticulação exuberante e sôfrega, mesmo sem que eu ouvisse sequer uma palavra do que estava contando, não deixava a menor dúvida que descrevia as plumas da fantasia que tinha usado no último concurso de Miss Gay de Recife.

Minha conclusão é que nenhum dos homossexuais mais velhos daquele grupo de bichas da praça central de Fortaleza permitiria qualquer associação com a imagem da bicha velha abandonada no quartinho sujo de uma pensão de quinta categoria. Por seus gestos exuberantes e alegria de viver, a comparação era inevitável, entre este bando de gays velhos com os velhos heterossexuais e casais de marido e mulher, da mesma faixa etária, que passavam pela praça — apressados, tensos, carrancudos, sem tempo para sentar num banco para curtir a deliciosa fresca e a lua quarto crescente.

Comparando os velhos heterossexuais com os velhos homossexuais, não tive a menor dúvida de qual dos grupos enfrentava a velhice de forma mais feliz! Ponto para as bichas de terceira idade!

[Os árabes e a homossexualidade]

Na atualidade, os países árabes ocupam uma triste liderança: são os locais do mundo onde existem mais leis, e mais severas, de repressão aos homossexuais. Recentemente a imprensa internacional divulgou o caso de 52 rapazes do Egito que foram presos numa discoteca dentro de um navio que navegava pelo rio Nilo. Vinte e três deles foram condenados a três anos de trabalhos forçados. Motivo de seu julgamento: desrespeito à religião oficial que condena não só os atos homossexuais, como também freqüentar uma discoteca gay. No Afeganistão, Irã, Iraque, Sudão e nos Emirados Árabes, ainda persiste a pena de morte contra os amantes do mesmo sexo, variando de país para país a forma de castigar a estes "criminosos": nalguns países os homossexuais são condenados à pena dos açoites, levando centenas de varadas em praça pública. Em outros países muçulmanos os gays condenados à morte são degolados ou enforcados, noutros, como no Afeganistão e Iraque, são soterrados debaixo de um muro de pedras que é derrubado sobre a infeliz vítima.

A inspiração e justificativa para tanta crueldade é o livro sagrado dos árabes, o Corão. Neste livro, segundo Maomé, Alá teria determinado que os "sodomitas" fossem perseguidos, seguindo a mesma tradição do Antigo Testamento da Bíblia, que atribuiu a destruição de Sodoma e Gomorra à ira divina contra a licenciosidade sexual dos habitantes destas duas cidades. O curioso é que, segundo o Corão, Alá teria criado o homem, moldado seu corpo a partir da mistura do esperma com a terra — não explicando porém de onde teria saído o sêmen, permitindo-nos concluir que ou havia um reservatório deste líquido no paraíso ou Alá teria extraído de seu próprio corpo este líquido que segundo a tradição bíblica era considerado impuro. Dá para entender?

O que chama a atenção ao se discutir sobre a homossexualidade nos países árabes ou de tradição islâmica é que, segundo os historiadores, houve uma evolução negativa nestes países na maneira como tratam o amor entre pessoas do mesmo sexo. Documentos comprovam que época houve em que os homossexuais eram tratados como mais respeito.

Nos muitos séculos que os muçulmanos ocuparam o sul da Espanha e Portugal, entre o século VIII até às vésperas da descoberta da América, aí floresceu significativa cultura homoerótica, incluindo a produção de poesias e escritos defendendo abertamente o homoerotismo, havendo grande tolerância destas sociedades face à prática homossexual, sendo o padrão mais comum a pederastia clássica, isto é, a interação homoerótica de homens adultos com rapazes adolescentes. Era tão comum a pederastia entre os orientais naquela época que na Europa se acreditava que a própria religião de Maomé permitia a prática homossexual. E quando um cristão era preso pela Inquisição, o fato de ter viajado pelos países muçulmanos o tornava suspeito de ter praticado a sodomia, tão valorizada era esta variável amorosa na terra dos "infiéis".

Talvez uma das explicações desta "má fama" dos árabes seja decorrente do que hoje os estudiosos chamam da forte presença da "homossociabilidade" nestas plagas. Em muitas destas sociedades patriarcais, predomina o padrão educacional e social, que separa rigidamente o mundo masculino do feminino. Mulher é para ficar em casa, geralmente com o corpo inteiro coberto, escondendo inclusive a face quando sai na rua. Nestas sociedades, predomina nosso ditado popular: "homem com homem, mulher com mulher, faca sem ponta, galinha sem pé..."

Assim sendo, os homens desenvolveram certas práticas de intimidade e sociabilidade que um ocidental desinformado imediatamente consideraria como altamente suspeitas de homossexualidade. Por exemplo, é comum homens andarem de mãos dadas, passeando tranqüilamente pelos parques e calçadas nas ruas. Quando dois amigos se encontram, trocam beijos em ambos os lados da face. Na Turquia e em outros países vizinhos, os "banhos turcos" são igualmente espaços privilegiados para a homossociabilidade. Quando Judas beijou o Cristo, estava praticando um gesto comum no Oriente Médio: um homem beijar outro homem.

Embora tais gestos de carinho e intimidade física entre árabes e muçulmanos no mais das vezes sejam "inocentes" e destituídos de qualquer conotação homoerótica, não há como negar que são gestos evidentes de homossociabilidade, podendo nalguns casos mascarar atração e tesão autênticos como o que sentem dois parceiros homossexuais.

A fama da prática generalizada e mais freqüente da homossexualidade nos países árabes levou e continua levando muitos ocidentais a atravessarem o Mediterrâneo à cata dos fogosos machos árabes, seja da África do Norte ou do Oriente Médio, que, segundo o imaginário ocidental, demonstrariam total ou maior receptividade a práticas homossexuais. Uma das celebridades precursoras deste encantamento pelo mito da homossexualidade islâmica foi o escritor francês André Gide, que no Marrocos teria vivenciado grandes aventuras com os nativos em pleno século XIX. O general inglês T. E. Lawrence o "Lawrence da Arábia" seria outro fascinado pelos homens peludos e de pele escura das areias do deserto do Saara. O poeta Lord Byron, idem.

Apesar deste passado francamente favorável ao amor entre varões, e da presença documentada de travestis em muitas sociedades de tradição arábica, hoje lastimavelmente, tais países lideram o *ranking* mundial da intolerância homofóbica. Passado tolerante não implica sempre que o presente seja igualmente tolerante, haja visto a vizinha Grécia — terra considerada quase como a matriz da homossexualidade ocidental, tanto masculina quanto feminina, e que não obstante passado tão pederástico e lésbico, hoje compartilha a mesma homofobia dominante nos países arábicos ou muçulmanos.

Em Paris tive oportunidade de conhecer diversas travestis originárias do Marrocos, da Argélia e dos demais países norte-africanos, que faziam prostituição na região de Pigale. Disseram-me que, em seus países de origem, não havia espaço para a prática do travestismo, e que muitos, após acumularem recursos suficientes, retiravam a prótese de silicone dos peitos, cortavam os cabelos, se desfaziam de suas roupas e seus adereços femininos, retornando para suas terras como rapazes, casando-se e abandonando a vida homoerótica. Se nunca mais tiveram uma recaída, acredite quem quiser!

[Tribos sexuais]

[Tripos sexualis]

[Gays, bofes e travestis]

Segundo as mais modernas pesquisas da Sexologia, se houvesse total liberdade sexual, e ainda que a heterossexualidade não fosse imposta como ocorre em nossa sociedade, mesmo assim, sempre iria existir mais gente atraída pelo sexo oposto do que pelo próprio sexo — garantindo assim a perpetuação de nossa espécie. A força do reino animal continua dominante dentro da espécie humana.

Na Grécia antiga, por exemplo, ou no Japão do século XIX, sociedades em que havia grande tolerância e aceitação dos homossexuais, essa liberdade não alterou em nada a reprodução da população — sendo portanto um mito equivocado a idéia de que se a homossexualidade for liberada, a humanidade estará ameaçada. Sempre vai ter mais gente que se sentirá atraída para "fazer nenê".

Do mesmo modo como ocorre entre os heterossexuais, também existem muitos tipos diferentes dentro da comunidade homossexual, uns mais machos, outros mais fêmeas. A primeira grande divisão é de um lado a homossexualidade feminina, do outro, a homossexualidade masculina. Vamos nos ocupar inicialmente apenas dos homossexuais masculinos, deixando para uma próxima ocasião tratar do lesbianismo.

Dentro do universo homossexual masculino, podemos perceber três grandes grupos: os gays, as travestis e os bofes. É sobre cada um destes grupos que vamos tratar agora.

Gay significa "alegre" em inglês. A palavra gay já era usada na Espanha, no catalão-provençal, desde a Idade Média como sinônimo de "rapaz alegre" — o que deu no português o termo "gaiato", popularmente chamado de "engraçadinho". Por isso, quando alguns criticam o movimento gay de não ter originalidade por ter copiado um termo inglês para se auto-identificar, tal crítica não tem cabimento: é coisa de "gaiato"!

Gay é o termo universal preferido pelos homossexuais do mundo inteiro. Embora usado hoje mais como identificação dos homoeróticos masculinos, algumas mulheres também se auto-intitulam "gay", entre elas, Martina Navratilova e nossa cantora Marina Lima, que em entrevistas se rotularam de "gay". Hoje as homossexuais femininas cada vez mais preferem o termo "lésbica", em homenagem à mais famosa "entendida" da Antigüidade, Safo de Lesbos.

Os gays, popularmente conhecidos por "bichas", se dividem em 4 grandes grupos: os enrustidos, os assumidos, as chamadas bichas fechativas e os militantes. Atenção: as "minorias sociais" às vezes usam entre si certos termos que, se empregados por gente de fora, podem ser considerados insultos. Por exemplo: um negro pode chamar familiarmente o outro de "negão", mas se um branco usar este termo, poderá ser considerado agressivo. A mesma coisa entre os homossexuais: muitas vezes, quando um gay encontra o outro, informalmente, costumam se tratar entre si de "amiga", "bicha", "viado", termos que se usados pelos "da outra banda", podem ser recebidos como insultos. Portanto, no convívio com homossexuais, é fundamental aprender quais os termos e categorias adotados dentro da "comunidade", para evitar "mal-entendidos"...

Se os homossexuais representam aproximadamente 10% da população do Brasil (mais de 17 milhões de pessoas), os enrustidos, também chamados de incubados, devem ultrapassar 95% dos homossexuais deste país. Entre os enrustidos estão muitos gays que freqüentam boates, saunas e bares gays, mas que não são assumidos em casa, no trabalho ou no bairro. O motivo por que continuam "na gaveta" varia de pessoa para pessoa: ou porque vivem com a família, e os pais não aceitam; ou porque o patrão é preconceituoso e se souber vai mandar embora; ou porque se os irmãos da igreja descobrirem vão expulsá-lo etc. etc.

Cada um tem seus motivos para não se assumir, embora muitas destas razões possam ser superadas, "para o bem de todos e felicidade geral da nação", pois na maior parte das vezes, todo mundo sabe que o enrustido é gay, mas continuam fazendo aquele joguinho hipócrita: "eu finjo que não sou e você finge que não sabe". E a mentira e a falsidade continuam.

Assumir, em muitos casos, representa o fim do medo, da chantagem, e uma nova vida de cabeça erguida e mais feliz. Contudo, não nos compete dar opinião ou receita sobre quando ou quanto cada homossexual deve se assumir. Numa sociedade livre e civilizada, ninguém é obrigado a viver clandestinamente sua sexualidade, nem a estar divulgando para todo mundo quais suas preferências eróticas, simplesmente porque é absurdo alguém ser discriminado simplesmente por amar diferente da maioria.

Entre os enrustidos há os bissexuais que são casados e que levam vida dupla, procurando gays, michês ou travestis para suas transas esporádicas. Portanto, dentro da categoria dos "enrustidos" encontram-se tanto o entendido que é exclusivamente gay, que tem uma identidade homossexual, que não é casado nem pretende se casar com mulher, mas que só é assumido dentro do "gueto gay" (bares, boates, saunas), como há também o pai de família, ou o noivo, que vive nos dois mundos.

A segunda categoria dos gays são os assumidos — aqueles que saíram da gaveta e não negam a própria homossexualidade.

Os assumidos se dividem em "bichas fechativas", entendidos e militantes. Os mais visíveis são aqueles que o povo chama de "bicha louca" — rapazes efeminados ou "desmunhecados", que não têm como esconder sua "androginia psicossocial", e que se distinguem das travestis porque não se vestem de mulher, embora alguns adotem nomes femininos, se chamem entre si de "monas", "mulher", etc. "Fechativa" ou "fechação" vem de "fechar", que no vocabulário gay, ou no "bichonário", é sinônimo de "dar bandeira", exibir-se, "arrasar". A bicha fechativa é certamente a categoria homossexual que sofre maior discriminação e violência, exatamente por se situarem, indefinidamente, na fronteira entre o macho e a fêmea. Há travestis que dizem ter sofrido mais violência nas ruas quando eram "bichinhas" do que depois que vestiram saia. Geralmente as bichas fechativas não transam entre si, repudiam o que chamam de "quebra louça" — dois homens manterem relação de igual para igual, sem definição de macho e fêmea. Elas estão sempre à procura do mitológico bofe supermacho.

Entre os assumidos que via de regra não desmunhecam estão os "entendidos": homens ou rapazes que gostam de transar com outros gays iguais a si, têm identidade homossexual e decidiram dar um passo crucial em suas vidas: sair do armário. Passo corajoso, pois, como muitos dizem, "é preciso ser muito macho para ser gay" numa sociedade machista que considera o homossexual como o ser mais desprezível de toda a fauna humana. Geralmente vivem independentes de suas famílias, trabalham em locais onde há tolerância à sua homossexualidade e onde são identificados como gays, contudo não chegam a levantar a bandeira do ativismo.

Dentre os assumidos, há uma pequenina minoria constituída pelos gays militantes ou ativistas, membros de algum grupo de defesa dos homossexuais e que, além de terem identidade homossexual e mostrarem a cara em qualquer lugar, inclusive nos jornais e televisões, são uma espécie de sindicalistas ou propagandistas dos direitos civis dos homossexuais. O autor destas linhas pertence a esta categoria: sou um militante gay, fundador do Grupo Gay da Bahia.

As travestis constituem a segunda categoria dos homossexuais. Lembrando: dividimos os homossexuais em três grandes grupos: gays/travestis/bofes. Agora é a vez das "bonecas", como muitas gostam de se auto-rotular nos anúncios de jornal.

É a categoria menos numerosa de homossexuais do Brasil: todas juntas não devem ultrapassar vinte mil pessoas. Parece que são mais numerosos porque são mais visíveis e chamam mais a atenção em qualquer lugar que estejam.

As travestis também se subdividem em quatro tipos principais: 1) aquelas travestis que só se vestem de mulher para fazer *show* em boate gay, preferem ser identificadas como transformistas e que, fora do palco, durante o dia, são simplesmente gays; algumas fazem pista esporadicamente. 2) Há também algumas que se "montam" de mulher só de noite, para "batalhar" ou "fazer pista", mantendo em segredo esta dupla vida: "de noite é Maria, de dia é João..." Estes dois tipos raramente fazem alterações femininas definitivas em seus corpos pois socialmente vivem como rapazes. 3) As travestis de pista formam a categoria mais volumosa. Rara é a cidade com mais de 300 mil habitantes que não tenha uma ou mais travestis profissionais do sexo. Em João Pessoa tem umas 20; em Salvador, 200; no Rio de Janeiro e em S Paulo, mil e poucas em cada cidade. Muitas feminilizaram seus corpos graças a hormônios ou aplicação de silicone; vivem dia e noite vestidas de mulher, têm nomes femininos, muitas alugam quartinhos em pensões humildes na área de prostituição. Muitas participam da mesma subcultura da violência que domina o submundo da prostituição, sendo vítimas e autoras de agressões, roubos, etc. Atendem de 3 a 10 clientes por dia, seja em seus quartinhos, seja no carro das "mariconas" (como elas chamam seus clientes mais velhos, bissexuais ou gays), ou em pensões e motéis. As travestis de pista têm como clientes uma ampla variedade de homens e rapazes, que inclui além das "mariconas" (executivos de meia-idade, os homens casados, geralmente proprietários de carro), vigilantes noturnos, taxistas, policiais, marginais, "boyzinhos", etc., etc.

As transexuais, diferentemente da maior parte das travestis, são inconformadas e não utilizam eroticamente sua genitália masculina, além de terem total identidade com seu sexo psicológico. Se possível, as transexuais querem adequar seu corpo à sua mente através de cirurgia de transgenitalização. No sentido preciso do termo, as transexuais não são homossexuais pois identificam-se totalmente com o sexo feminino.

A última categoria de praticantes do homoerotismo — além dos gays e travestis, é constituída pelos "bofes" — que são homens e rapazes com aparência masculina, que não se assumem gays e que de vez em quando ou freqüentemente, transam com gays e/ou travestis.

Há o bofe que por curiosidade transou uma ou duas vezes, e que não gostou e se definiu depois heterossexual exclusivo. Seria o número 1 da Escala Kinsey. Tem o bofe-bissexual, que gosta de transar igualmente com gay e com mulher, sem interesse comercial. Há também o bofe profissional, que pode ser o rapaz de programa, que só de vez em quando transa com um gay em troca de dinheiro ou de presentes, mas não vive disso. E tem o bofe profissional, chamado de michê, caçador, *taxi-boy*, que vive da prestação de serviços homoeróticos, seja na rua, nos locais de pegação (como a famosa Via Ápia no Rio ou a Praça da República em S. Paulo), seja atendendo por telefone, através das agências de encontros ou saunas, onde alguns se apresentam como massagistas.

A aparência viril destes prostitutos não significa que sejam sempre "ativos" ou "machões" no ato sexual: alguns cobram mais caro quando são passivos, do mesmo modo que as travestis exigem preço mais alto quando têm de ser ativas. Infelizmente, muitos michês e rapazes de programa se enquadram no que os psicanalistas chamam de "homossexuais egodistônicos" — isto é, que o seu ego não está em sintonia com seu desejo erótico. Praticam o homoerotismo mas não se aceitam, desprezam os homossexuais, alguns são agressivos e chegam até a matar seus parceiros sexuais. Numa lista de mais de 2.100 gays assassinados nos últimos 20 anos no Brasil, 25% dos assassinos foram identificados como "michês".

[As tribos na marcha do Orgulho Gay]

No ano do Senhor de 1999 participei pela primeira vez da parada do Orgulho Gay em São Paulo. Fazia um sol lindo naquele domingo, 27 de junho. Antes desta, já tinha desfilado nas marchas do Gay Pride de S. Francisco, Nova York e Toronto. Confesso que mesmo sendo de uma geração marcada por manifestações estudantis contra a ditadura, com menos purpurina e mais reivindicações e faixas de protesto — senti forte emoção ao ver a Avenida Paulista, a Consolação e a confluência da Ipiranga com a São Luiz, na Praça da República, literalmente entupidas com milhares e milhares de homossexuais.

Durante a marcha encontrei dezenas de conhecidos de todo Brasil, amigos e militantes de diferentes grupos homossexuais, fui cumprimentado por outro tanto de "fãs" que pediam para tirar fotografia ao lado do "decano do movimento homossexual brasileiro" — isto é, o gay que há mais tempo, ininterruptamente, continua associado a um grupo de militância homossexual, o Grupo Gay da Bahia, desde fevereiro de 1980. Várias vezes fiquei emocionado, com vontade de chorar, ao ver tantos homossexuais juntos, todos orgulhosos e sem ter vergonha de ser o que somos.

A alegria e descontração geral são a marca registrada destas manifestações, espaço único onde praticamente todas as diferentes tribos do universo GLS saem de seus guetos e caminham lado a lado. Imagine 250 mil homossexuais juntos, toda a variedade e diversidade de modelitos, preferências eróticas, fantasias sexuais etc. Sem sombra de dúvida, a Parada GLBT de São Paulo tem sido a maior reunião de homossexuais em toda a História do Brasil e da América Latina. Estamos contudo ainda longe de entrar para o Guinness, pois em Nova York participei em 1997 de uma passeata que reuniu mais de um milhão de GLS!

Dando uma de "agente estatístico do IBGE", observei e destaco aqui a presença na última passeata do milênio do Orgulho Gay de S.Paulo, das seguintes tribos sexuais: Tribo dos Gays: gays discretos, gays fechativos, gays machudos, gays efeminados, gays enrustidos, gays do tipo *barbie* (musculosos). Tribo das Lésbicas: lésbicas femininas, lésbicas masculinizadas, lésbicas enrustidas. Tribo dos Transgêneros: travestis de pista, travestis não profissionais do sexo; transexuais; *drag queens*; transformistas do tipo "vamp" e transformistas "caricatas". Tribo dos Bissexuais masculinos e femininos. Tribo dos/das Simpatizantes. Acrescentem-se a estas tribos, os profissionais da mídia: fotógrafos, jornalistas, *cameramen*, policiais, seguranças — enfim, pessoal de apoio, alguns certamente homoeróticos, os demais bissexuais e heterossexuais. Ah! Faltou falar dos bichos: além dos milhares de "viados", lá estavam na passeata diversos cães, entre estes, alguns *poodles* espevitados e um enorme cachorrão são-bernardo, além de alguns gatos carregados no colo ou na coleira.

Nas calçadas por onde passava a marcha gay, muitos curiosos, alguns aplaudindo, outros indiferentes; alguns poucos criticando ou esculhambando, um número reduzido morrendo de ódio (e inveja!). Na esquina da Consolação com a Rua Maceió, do alto de um prédio, algum homófobo mais enfezado jogou um saco

[As tribos na marcha do Orgulho Gay] **[69]**

cheio de tinta branca que atingiu vários manifestantes, chegando a respingar em minha calça. Imagine o ódio desta criatura covarde, que teve o trabalho de despejar uma lata de tinta dentro de um saco plástico, subiu até a cobertura do prédio, jogou esta bomba no meio da multidão, escondendo-se imediatamente para não ser surpreendido. Pesquisas revelam que todo homófobo (pessoa que tem ódio dos homossexuais) nutre um tesão enorme pelo mesmo sexo e por não conseguir soltar a bicha louca que traz acorrentada dentro de si, desconta sua raiva nos "assumidos". Felizmente não jogou uma bomba de verdade, nem tinha uma metralhadora à mão!

Certamente esta lista dos 17 tipos diferentes de gays e lésbicas que detectei na Paulicéia Desvairada deixou de incluir várias outras tribos de homens e mulheres que sentem atração sexual e eventualmente amor e paixão por pessoas de seu mesmo sexo. Por exemplo, homens e mulheres pedófilos (que gostam de crianças), os pederastas (que curtem adolescentes) — duas modalidades de atração homoerótica consideradas criminosas pelas leis em vigor; os gerontófilos (que preferem os velhos), os SM (adeptos do sadomasoquismo), os *leather* (que se ligam em roupas e objetos de couro), etc. Sem falar nos tipos híbridos: por exemplo, travesti sadomasoquista, transexual bissexual, lésbica gerontófila, gay machudo zoófilo, etc. etc.

O que podemos concluir deste levantamento das tribos reunidas no Orgulho Gay é que, de fato, a sexualidade humana vai muito além do limitado modelo dicotômico heterossexual e do tradicional papai-mamãe, espraiando-se na diversidade multicolorida do arco-íris, o símbolo internacional do movimento homossexual. As fantasias e preferências homoeróticas são praticamente ilimitadas e imprevisíveis a olho a nu: por exemplo, uma fantástica *drag queen* ultramontada, com peitos de espuma *à la* Mansfield, bundão de Lollobrigida e olhos sedutores de Liz Taylor, no dia-a-dia pode ser um discretíssimo gay enrustido, cidadão acima de qualquer suspeita que na cama joga só como ativo. Ou então, aquela mocinha delicada, inspirada no modelito Paquita da Xuxa, de mãos dadas com sua companheira caminhoneira, de repente na cama os papéis de gênero se invertem: a mocinha vira um garanhão e a mocetona uma *lady*.

Em questão de sexo e erotismo, as aparências enganam mesmo! Não há desconfiômetro que funcione como bola de cristal. Tudo é imprevisível, tudo pode acontecer em termos de preferência e vivência sexual.

Nossa esperança é que as 250 mil pessoas em total ferveção e desbunde na Marcha do Orgulho Gay na Paulicéia Desvairada não se esqueçam de que nos restantes 364 dias do ano também é legal ser homossexual, que tenham orgulho de ser gay (que usem camisinha!) e que lutem para que o nosso profético arco-íris se torne realidade: cada um na sua e todo mundo numa boa!

[Travestis: anjos ou demônios?]

Não há meio termo quando o assunto é travesti: tem gente que adora, tem gente que detesta. Uns acham as travestis maravilhosas, cheias de charme — chegaram a eleger a então travesti Roberta Close como modelo de beleza da mulher brasileira. Tem mulher hoje em dia que imita a estética das travestis, chegando a botar silicone no bumbum, nas cadeiras, nos peitos, aprenderam a jogar o *cabelón* para trás igualzinho às "travas". Outro tanto de pessoas situam-se no lado oposto: abominam os rapazes vestidos de mulher! Sentem-se agredidos só com a simples presença de uma destas "damas de paus" perto de si: xingam, querem bater, chegam a matar. Segundo os registro do GGB, mais de 400 travestis foram assassinadas no Brasil nos últimos 20 anos.

Posso ser considerado um "travestólogo", isto é, especialista em travestis, e meus futuros biógrafos terão de incluir um capítulo especial sobre as "bonecas" no rol de minhas especialidades intelectuais e área de atuação humanitária: fui um dos primeiros antropólogos a fazer pesquisas, a prestar assistência médica, a defender os direitos humanos desta que talvez seja a menos populosa e mais buliçosa minoria social de nosso país: as damas de paus — título sugestivo da dissertação de mestrado da socióloga Neuza Oliveira, por mim orientada na Universidade Federal da Bahia, trabalho todo ele consagrado às travestis baianas. Idealizei e participei da fundação da ATRAS: Associação de Travestis de Salvador, coordenei dois projetos de prevenção de DST/Aids direcionados para esta população alvo, levantei todos os assassinatos de travestis ocorridos no Brasil nos últimos vinte anos. Descobri e divulguei a história da primeira "trava" de nossa história: Francisco, escravo da etnia Manicongo, residente em Salvador em 1591, que se recusava-a usar roupas de homem e fazia pista exatamente na mesma zona onde ainda hoje, toda noite, perambulam as travestis soteropolitanas. Liderei diversas passeatas e protestos, escrevi dezenas de cartas aos jornais e autoridades, denunciando torturas e abusos policiais contra as "monas". Em maio/99 libertei de uma só vez 18 travestis que tinham sido detidas na 1ª Delegacia de Salvador, numa *blitz* de limpeza étnica, quando da visita da Rainha da Dinamarca a esta cidade. Meu companheiro Marcelo costuma dizer que, no fundo, eu tenho uma travesti adormecida dentro de mim, tamanho meu interesse por esta categoria.

Não obstante *curriculum* inigualável, meus biógrafos terão de incluir nesta mesma História um dado chocante e contraditório: recebi um bizarro diploma onde sou apontado como "o maior inimigo das travestis do Brasil", título outorgado pela presidenta da ASTRAL (Associação de Travestis e Liberados), motivado por duas razões: porque utilizei algumas poucas vezes em meus escritos as expressões "rapazes de peito" e "travecas" para descrever os homens travestidos — expressões corriqueiramente utilizadas pelas próprias travestis baianas, mas que foram consideradas prova inconteste da minha suposta "trafobia" — expressão divulgada pela ASTRAL (imprópria etimologicamente, e que seria melhor substituir por "travestifobia"). Depois ficou comprovado que algumas das assinaturas deste absurdo troféu tinham sido falsificadas, um estelionatozinho desta minha figadal inimiga.

Que o leitor e a História julguem este qüiproquó: se é justo ou não que Luiz Mott, por 20 anos seguidos defendendo na frente e ATRAS (...) nossas irmãs travestis, receba o título e diploma de "o maior tráfobo" de toda História nacional. Pergunto eu: que títulos mereceriam então os quatro soldados que em agosto/98 jogaram no mar a coitada da travesti Loana, matando-a por afogamento na orla de Salvador? E os donos de boate, Shopping Centers, órgãos governamentais etc., que não permitem a entrada destas que são chamadas no nordeste de "machos-fêmeas"?

Minha opinião e a postura do Grupo Gay da Bahia em relação à questão das travestis podem ser resumidas em quatro pontos: dois a favor e dois contra. Começo pelo lado positivo:

As travestis têm todo o direito de viver suas fantasias sociais e sexuais da maneira como bem quiserem — mesmo que silicone e hormônios provoquem câncer; mesmo que idealizemos uma sociedade do futuro onde a prostituição, assim como as mutilações genitais, os cintos de castidade, e outras violências serão peças de museu — o certo é que ninguém pode impedir que as travestis vivam livremente suas fantasias, assim como os negros têm o direito de usar cabelo *rastafari*, os índios botar botoque no beiço e as profissionais do sexo de venderem seu erotismo.

As travestis podem ser consideradas pioneiras da libertação sexual de nossa humanidade sexista, na medida em que questionam e superam a rigidez da divisão dos papéis de gênero, demonstrando com sua androginia explícita que o corpo — e a natureza — não devem ser prisão nem obstáculo à nossa imaginação inventiva e felicidade, e que a liberdade de vestir-se e transformar-se também é um direito humano fundamental, pois cidadania não tem roupa certa!

[Crônicas de um gay assumido]

Dois seriam os principais "contras" relativamente ao lado negativo do travestismo:

Certos gays mais intelectualizados costumam dizer que as travestis são escravas da moral heterossexista, pois sentindo-se atraídas pelo mesmo sexo, introjetaram a fantasia de que precisam se adequar ao imperativo da natureza, não ousando afirmar a beleza e o acerto do amor unissexual — daí se transformarem aparentemente em mulher, não abdicando contudo de parte de sua masculinidade (o pênis e a ideologia machista) no seu relacionamento com parceiros do mesmo sexo. Alguns estudiosos chegam a negar a condição homossexual das travestis, pois quanto ao papel de gênero, seriam mulheres transando com homens, repetindo o modelo heterossexual.

Grande parte das travestis foram empurradas, por suas famílias e sociedade travestifóbica, a viverem no submundo da prostituição, sofrendo todas as mazelas inerentes à marginalidade, tornando-se vítimas e autoras de violência, revelando falta de auto-estima, falta de consciência política, ausência de solidariedade e de cidadania. Quantas são eleitoras? Quantas defendem as bandeiras do feminismo ou participam do movimento de libertação homossexual?

É exatamente por conhecermos profundamente o universo das travestis — tanto através de pesquisas antropológicas, quanto participando de suas organizações em defesa de seus direitos humanos, e por não escondermos tal realidade, a um tempo positiva e negativa, é que algumas vezes somos criticados. Estaríamos sendo mentirosos se não mostrássemos também o lado sombrio de suas vidas, contentando-nos em divulgar apenas a beleza de suas formas esculturais e o brilho das lantejoulas. Infelizmente, o dia-a-dia da maior parte das monas de pista é cheio de angústias, medos, perseguições — causados por esta sociedade machista e sexofóbica que se sente ameaçada e agredida pelo projeto de vida de seres andróginos.

Se houver novos críticos a estas colocações, que venham com argumentos mais politicamente corretos, lógicos e humanitários do que os meus. Caso contrário, considero que aquela frasezinha de Mao Tsé-tung cai como uma luva neste caso: "Quem não pesquisou e desconhece a realidade, que evite falar besteira!" Enquanto isto, os cães ladram e as travestis continuam batendo bolsa nas esquinas e encruzilhadas da vida.

Em tempo: no início de 2002, o Grupo de Travestis de Alagoas "Provida" conferiu-me um diploma de Honra ao Mérito, em reconhecimento pelos meus trabalhos em defesa dos direitos humanos desta categoria. Em abril do mesmo ano, fui convidado pelo Grupo de Travestis de Sergipe "Unidas" a proferir palestra no Fórum Sergipano de Direitos Humanos. Quanto àquela minha arquiinimiga baixo-astral, há anos abandonou o movimento...

[Pedofilia e pederastia]

Para começo de conversa, vamos trocar em miúdos estes dois termos: por pedofilia se entende a relação sexual de um adulto com uma criança impúbere, isto é, antes de ter os pêlos pubianos ou pentelhos; enquanto pederastia é a relação do adulto com adolescente menor de 18 anos. Ambas as expressões referem-se tanto a relações homossexuais quanto heterossexuais, enquadrando-se na condição de pedófilo tanto o homem que transa com meninas ou meninos impúberes quanto a mulher — caso mais raro — que mantenha relação sexual com crianças ou adolescentes do sexo masculino ou feminino.

A idade de 18 anos como marco legal da maioridade sexual é mera convenção, pois em nossa própria história pátria, durante todo o período colonial, as Constituições do Arcebispado da Bahia — livro básico que legislava sobre nossa moral e costumes — diziam que 12 anos era a idade mínima para uma moça se casar e 14 para o rapaz.

Atualmente, na Europa a idade da maioridade sexual varia de país para país: na Espanha é de 12 anos, na Áustria, Alemanha, Itália, Portugal é de 14; na França, 15; e na Bélgica, Holanda, Austrália e em Israel, 16. Há países que estabelecem como critério a diferença mínima de três anos entre a idade do mais velho e a do mais jovem. Tal diversidade internacional quanto à idade da maioridade sexual demonstra que os conceitos de maior e menor não passam de convenções culturalmente determinadas. Passíveis, portanto, de alteração futura.

Hoje, no Brasil, transar com alguém com menos de 18 anos pode levar o adulto a ter sérios problemas com a Polícia — sobretudo se se trata de parceiros do mesmo sexo ou no caso de envolver uma mulher adulta com um rapaz menor. Tais relações são condenadas pela opinião pública, e a Polícia e a Justiça costumam tratá-las com muitíssimo maior rigor do que o namoro ou amizade-colorida de um homem adulto com uma ninfeta adolescente. O homem adulto ou mulher adulta que sejam acusados de ter mantido relação sexual com menores de idade são alvo de reprovação, fofoca, ódio e até prisão, podendo levar ao espancamento seguido de morte caso o "réu" caia na mão de presidiários, que em seu famigerado código de ética (que moral têm para isso!), condenam os pedófilos à pena de morte após sofrerem eles próprios violência sexual.

Em certos países — sobretudo nos Estados Unidos — há uma verdadeira paranóia nacional acusando os homossexuais de serem molestadores de crianças. Na Inglaterra até pouco tempo os professores homossexuais tinham que manter escondida sua orientação sexual, caso contrário eram sumariamente demitidos ou impedidos de ensinar — tanta intolerância baseada na idéia preconceituosa de que os homossexuais não resistiriam à tentação da carne tenra de um menino. Até hoje persiste na Grã-Bretanha a proibição dos professores gays ou lésbicas falarem favoravelmente sobre homossexualidade. Falar mal, repetir preconceitos, pode: dizer a verdade sobre *"the Love that dare not speak its name"*, continua sendo proibido na terra de Oscar Wilde. Não deixa de ser chocante a insegurança da sociedade heterossexista, que após milênios ensinando e dando exclusivamente exemplo heterossexual para seus jovens, teme que o simples contacto destes com um professor homossexual vá levar o franguinho a "optar" pelo homoerotismo.

Estatísticas e pesquisas significativas realizadas nos Estados Unidos comprovam que crianças e filhos educados por pais gays ou mães lésbicas (ou por professores homossexuais!) não serão necessariamente homossexuais. Se a sexualidade dos pais tivesse influência direta na orientação sexual dos filhos, como explicar a presença de filhos homossexuais em famílias cujos pais são heterossexuais? E podemos ir um pouco mais longe e indagar: e se filhos criados por casais homossexuais também "optassem" pela homossexualidade — qual o problema? NENHUM! Pois se ser homossexual não é crime, nem doença e sequer pecado — só o preconceito e a intolerância explicam todo esse medo da sociedade na influência que os mais velhos possam ter em relação a crianças e adolescentes. Não há nenhuma lei no Brasil que proíba ou condene a propaganda da homossexualidade. É legal ser homossexual no Brasil!

A meu ver, o tabu e a repressão às relações sexuais entre adultos e jovens se escoram em dois preconceitos: que sexo tem idade certa e legal para começar e que toda relação entre alguém mais velho e alguém mais jovem implica necessariamente violência e opressão.

Estudos comprovam que ainda no útero o bebê já tem ereção, e a teoria de Freud sobre a libido infantil hoje é aceita por todos. Muitas tribos da Oceania permitem e vêem com naturalidade os jogos sexuais das crianças, seja do mesmo sexo, seja do oposto. Em certas tribos da Nigéria, as mulheres adultas ensinam às adolescentes os segredos de como ser "boa de esteira", inclusive massageando-lhes o clitóris e esticando seus lábios vaginais, a fim de tornar as adolescentes sexualmente adultas e mais apetitosas.

Um amigo negro baiano contou-me que guarda na lembrança o gesto carinhoso de sua mãe, que costumava beijar e chupar sua "rolinha" quando tinha três ou quatro anos. Até hoje é costume, entre velhos nordestinos, dar um "cheiro" na genitália de meninos de colo. Gestos inocentes e íntimos, que hoje podem levar seus ingênuos autores às barras do tribunal e até a serem linchados pelos cães de guarda da moral dominante. Tudo isto porque a moral tradicional judaico-cristã considera que criança não tem direito à sexualidade e imagina que sempre que um adulto se relaciona eroticamente com alguém de menor idade redunda em violência física e trauma psicológico.

Qual seria a idade certa para o jovem iniciar sua vida sexual? Como já vimos, tal idade varia de sociedade para sociedade, e de geração para geração dentro da mesma sociedade. A tendência atual é que os jovens tenham sua iniciação sexual mais cedo que seus genitores, impulsionados pela maior divulgação do erotismo nos meios de comunicação, pelos novos métodos anticoncepcionais e de cura das doenças sexualmente transmissíveis, e pelo maior desenvolvimento mental das novas gerações nos últimos anos. Portanto, o princípio secularmente imposto pelo cristianismo de que o sexo só é permitido após a bênção nupcial fere um direito humano fundamental, inclusive dos jovens e adolescentes: o direito ao exercício de sua sexualidade e respeito à sua livre orientação sexual. Direito inclusive que têm os jovens em escolher eventualmente um adulto como seu parceiro afetivo e sexual.

O segundo tabu que está por trás da condenação da interação sexual entre adultos e jovens tem a ver com a própria visão negativista como nossa sociedade concebe e vive a sexualidade. Sexo fora do casamento, de acordo com nossa cultura judaico-cristã, equivale a sujeira, poluição, coisa feia, mácula, defloração, violência, estupro, etc. Tradicionalmente, a moça que perdeu a virgindade se tornava *ipso facto* puta. Os homens viviam tão reprimidos e sem acesso ao prazer sexual, que suas parceiras ou parceiros sexuais eram tratados como presas de seus desejos e caprichos sexuais. Não é à toa que o termo foder em nossa língua significa tanto fazer amor quanto fazer mal a outra pessoa. O mesmo duplo significado ocorre com a palavra sacana e sacanagem, que inclui tanto aquele que fode legal como o praticante de algum ato cruel e maldoso.

Assim sendo, dentro desta perspectiva, criou-se a idéia que sempre que alguém mais velho transa com alguém bem mais novo necessariamente haverá uma relação de poder, de abuso e vitimização do menor de idade. Considero preconceituosa tal idéia, pois tenho ouvido centenas de depoimentos de homossexuais e heterossexuais de que foram eles, quando adolescentes, que tomaram a iniciativa de seduzir pessoas mais velhas para transar, e que tais relações foram conduzidas com carinho e delicadeza, sem necessariamente implicar traumas físicos ou psicológicos para tais adolescentes. Portanto, desde que haja respeito à liberdade alheia, delicadeza, reciprocidade e ausência de abuso de poder devido à superioridade física ou social por parte da pessoa mais velha, não há razão lógica que justifique a condenação *tout court* das relações afetivo-sexuais entre adultos e menores de idade.

Antes de concluir, valeria indagar: o que levaria alguns adultos a terem preferência por parceiros sexuais menores de idade? Alguns pedófilos e pederastas são fascinados pelo frescor, inocência e espontaneidade que só os jovens possuem. Outros certamente estão realizando tardiamente suas fantasias infanto-juvenis: como não tiveram oportunidade de se relacionar afetivo-sexualmente com outros colegas quando eram jovens, buscam compensar, já adultos, o tempo perdido. Certamente existe outro tanto de pederastas e pedófilos que se especializaram neste tipo de fantasias sexuais a fim de exercitar suas tendências sádicas, tirando seu prazer das relações de autoridade em que o adulto manda, assusta e chega a violentar e matar o objeto de seu desejo. Estes casos são raros e patológicos, merecendo nosso repúdio, além de perícia e acompanhamento médico que decidirão ou não pelo afastamento destes enfermos do convívio social.

Fica aqui nosso aviso aos navegantes: enquanto continuar em 18 anos a idade da maioridade sexual em nosso país, o jeito é obedecer à lei pois a Justiça e a sociedade civil estão cada vez mais rigorosas em punir o que chamam de "prostituição infanto-juvenil" e pedofilia. Mas nada nos impede de lutar pela redução da idade do consentimento sexual: estatísticas demonstram que é hipocrisia imaginar que só depois dos 18 anos rapazes e moças estão "maduros" para iniciar sua vida sexual, e que toda relação anterior a esta idade, implica sempre violência, desrespeito e abuso de poder. Se em muitos países civilizados a idade da maioridade social, sexual, política, judicial, etc., foi reduzida para 16 anos, que o exemplo destes países nos sirva de lição: se tal mudança está dando certo, se os principais interessados — os jovens — estão de acordo com que sejam tratados como maiores antes dos

18 anos, que nossas leis sejam mudadas e sobretudo, que se mudem as mentalidades — tanto daqueles "tarados" que violentam, maltratam e exploram a fragilidade infanto-juvenil, quanto daqueles que sob a desculpa de proteger a inocência dos mais jovens, negam o direito inalienável de as crianças e adolescentes terem respeitadas sua livre orientação sexual e sua liberdade sexual.

[Quem são os simpatizantes do "GLS"?]

No Brasil, nos últimos anos, vem se popularizando cada vez mais a sigla GLS — Gays, Lésbicas e Simpatizantes — sobretudo nos meios de comunicação e no circuito comercial. Fala-se por exemplo em "revista GLS" ou que o "mercado GLS" tem alto poder aquisitivo. Assino uma coluna na *Brazil Sex Magazine* que tem exatamente este título: GLS.

Gay e lésbica todo mundo sabe o significado: são homens e mulheres homossexuais que amam e sentem tesão por pessoas do mesmo sexo. E a letra "S" do "GLS", refere-se a que categoria sócio-sexual? Quem são os simpatizantes? Apresentariam estes ilustres desconhecidos certas tendências comportamentais que os diferenciam dos demais cidadãos?

A primeira constatação — e que o leitor me desculpe pelo simplismo, é que os simpatizantes caracterizam-se por não serem antipatizantes... Pesquisas do Ibope revelaram que 56% dos brasileiros mudariam sua conduta com o colega se soubessem que ele é homossexual. Os simpatizantes são portanto o restante da população — 44% de brasileiros em princípio não têm antipatia visceral e gratuita pelos gays e lésbicas.

A antipatia e a discriminação contra os homoeróticos vão do desprezo e recusa em estabelecer qualquer tipo de interação social, do insulto verbal e discriminação, à agressão física e aos assassinatos. A cada três dias um homossexual é barbaramente assassinado no Brasil, vítima do ódio à homossexualidade.

Quem se sente agredido pela simples presença de um gay ou travesti no pedaço, quem não suporta lésbicas simplesmente por que são mulheres que amam outras mulheres, quem costuma repetir que "viado tem mais é que morrer!", tais pessoas são portadoras de uma perigosa doença: homofobia — patologia que se cura através da educação sexual e de legislação que puna exemplarmente todo tipo de preconceito e discriminação anti-homossexual. Pessoas que têm ódio irracional contra homossexuais geralmente escondem graves problemas psicológicos, muitas vezes mascarando debaixo da agressividade inegáveis desejos homoeróticos reprimidos. Muitos gays costumam dizer que todo homófobo tem dentro de si uma bicha louca acorrentada e que tais pessoas enfezadas ("cheias de fezes!") exteriorizam tanta agressividade como estratégia para disfarçar e negar desejos e tendências que não são suficientemente machos para assumir. Freud explica!

Os simpatizantes, ao contrário, são pessoas com opiniões e condutas opostas às dos homófobos: convivem numa boa com gays e lésbicas; não os consideram pessoas inferiores, perigosas ou falsas — antes, experimentam sentimentos positivos em relação aos 10% da população mundial constituída por gays, lésbicas e travestis.

Pesquisas nos Estados Unidos revelam que pessoas que convivem ou conviveram com homossexuais no seu dia-a-dia, na sua família ou em sua casa, geralmente manifestam menor preconceito contra gays e lésbicas, pois se convenceram, pela proximidade e convivência, que os homossexuais em nada distinguem-se dos heterossexuais quanto à competência, honestidade, inteligência e outros atributos socialmente valorizados. A única diferença é que os homossexuais gostam do mesmo sexo e os heterossexuais, do sexo oposto.

Muitos simpatizantes acreditam e chegam a proclamar que os homossexuais são seres superiores à média da população: dizem que somos amigos fiéis e devotados, excelentes artistas nos mais variados ramos (da moda à culinária, passando pelo balé, literatura e pintura etc.). Novamente aqui pesquisas revelam que apesar de muitos gays destacarem-se em vários setores da cultura, nada permite concluir que sejam mais dotados intelectualmente que os demais cidadãos. O destaque, saliência dos homossexuais em áreas de "fronteira" sócio-sexual, como na culinária, estética, moda, dança, religião, etc. — simplesmente reflete o fato de que o machão tradicional tem receio de ocupar tais profissões para não se "poluir" com atividades muito associadas ao universo feminino e que julga ameaçar sua masculinidade, daí os gays aproveitarem estas brechas no mercado de trabalho para realizar suas fantasias andróginas.

Há muitas mulheres — como Danuza Leão, Elba Ramalho, Vera Loyola e Nana Caymmi, entre muitas outras, que costumam dizer que os gays são seus melhores amigos, escolhendo-os como confidentes e entregando-se de corpo aberto aos seus cuidados estéticos. Outras, como Ângela Maria, Elke Maravilha, têm orgulho em ostentar o título de "rainha dos gays".

Homens heterossexuais amigos de gays, ou mulheres heterossexuais que têm amigas lésbicas enfrentam muitas vezes forte preconceito por parte dos mais tradicionalistas, pois são rotulados de "giletes", como se fossem bissexuais clandestinos que "cortam" dos dois lados. Nada a ver com a realidade na maior parte dos casos. Tal "acusação" revela um hediondo preconceito: a idéia de que todos os gays seriam uma espécie de reencarnação de Messalina, dominados por um "furor erótico" que os predisporia a sempre estar praticando assédio sexual com toda criatura que caísse em sua rede.

Resumindo: os simpatizantes são pessoas de cabeça feita que não têm grilo em aceitar a diversidade sexual alheia e, mesmo que não pratiquem o homoerotismo, não têm nada contra aqueles que se definem como amantes do mesmo sexo. Alguns tornam-se calorosos defensores dos homossexuais, refutando críticas injustas, desmascarando preconceitos, escrevendo cartas aos jornais protestando quando gays e lésbicas são ultrajados ou vilipendiados.

Lembro-me de dois simpatizantes exemplares: uma professora minha amiga contou-me que sua velha mãe, respeitável católica octogenária da Bahia, devotíssima do Coração de Jesus, certa vez, quietinha, assistindo à televisão em sua cadeira de balanços, de repente, deu um grito de ódio quando ouviu alguém condenar um homossexual num programa de auditório. "Isto é um absurdo!", declarou a velhinha, "ninguém tem nada a ver com a vida do outro." Indiretamente, ela estava reforçando um velho e sábio ditado baiano: "Quem tem o seu, dá a quem quer!" e fim de papo.

Ocorre-me um outro caso de simpatizante mais radical: na década de 80, um vereador do PT, na cidade de Natal, ao presenciar uma agressão verbal contra uma travesti que entrava num bar, tomou as dores da ofendida e partiu para uma discussão com o agressor, chegando ambos às vias de fato. (Entre nós: a trava deve ter se sentido a própria Greta Garbo ao ser alvo de tanta consideração!)

A meu ver, o que une a citada velhinha baiana e este vereador potiguar é o fato de ambos acreditarem no fundo de suas consciências que a orientação sexual do indivíduo é um direito fundamental de todo ser humano, e que ninguém pode ser discriminado pelo fato de ser homo, hetero ou bissexual. Este é o elemento mais comum que une todos os chamados simpatizantes da sigla GLS. Consciente ou inconscientemente, os simpatizantes são defensores dos direitos humanos dos gays e lésbicas, convivendo e tratando as minorias sexuais com os mesmos sentimentos e condutas com que tratam os demais cidadãos.

Há casos de simpatizantes que se aproximam dos homossexuais porque embora não tenham identidade homossexual, gostam, eventualmente, de contactos homoeróticos. Tais indivíduos ocupariam, na famosa Escala Kinsey, o número 1 ou 2, ou seja, são predominantemente heterossexuais com alguns contactos homossexuais. Outros há ainda que se aproximam e se simpatizam pelos homossexuais porque através deles realizam indiretamente suas fantasias e desejos homoeróticos reprimidos. Alguns nunca reunirão coragem suficiente para vencer a homofobia internalizada; outros passarão de simpatizantes para praticantes, deixando de ser "S" para tornar-se "G" ou "L".

Concluindo estas reflexões sobre os simpatizantes, consideramos que quanto mais pessoas passarem a ter simpatia com os homossexuais mais o mundo há de ser alegre, feliz e colorido. Haverá mais paz e amor, pois seremos mais numerosos a lutar e acabar com esta raça amaldiçoada dos homófobos, levando milhões de gays, lésbicas e travestis a ter mais paz e alegria de viver.

[Uma noite com as travelôs de Paris]

Paris, segunda-feira, 10h30 da noite, Porte de Clichy — o mundo encantado das travestis. Jacinta, uma ex-travesti portuguesa, quarentona, agente de saúde do PASTT (Prevenção, Ação e Saúde dos Travestis e Transexuais) me esperava na boca do Metrô e logo que cheguei, me levou ao *trailer* onde três vezes por semana, em Clichy e no Bois de Boulogne, essa entidade presta apoio às profissionais do sexo. Novembro de 1999.

O miniônibus do PASTT funciona como uma espécie de sala de visitas, onde as *"transsexuelles"* entram, trocam beijinhos com Jacinta e com outra travesti — que de tão natural todo mundo julga ser mulher de verdade —, tomam um café ou suco de laranja, comem bolachinha recheada e levam ao sair um pacote com 15 camisinhas, amostras de gel lubrificante, um pacotinho de kleenex e aqueles envelopes com lencinhos úmidos perfumados para se limpar depois do sexo. Entre 23-24hs, o pinga-pinga das "travelôs" é incessante, chegando a ficar reunidas dentro do furgão até meia dúzia de uma só vez.

Mal saem do PASTT, carrões de clientes param e após segundos de conversa, partem para o que der e vier.

Todas mulheríssimas, altas, idade variando entre 20-35 anos, perucas pretas resplandecentes, maquiagem para ser vista no escuro e a distância. Contei ao todo 23 visitantes. Pelo que pude constatar, enquanto no Bois de Boulogne predominam as equatorianas, colombianas, espanholas, algumas francesas e segundo as meninas do PASTT, umas cinco brasileiras, ali em Clichy quase todas são argelinas, embora pelo tipo físico, pela indumentária e "fechação", poderiam perfeitamente passar por brasileiras. A subcultura e *performance* das travestis é internacional e bastante padronizada — todas jogam o *"cabelón"* nas caras umas das outras, os "pitis" são idênticos em Paris, Roma e na Bahia, o babado e o rebucetê muito semelhantes.

Conversei mais demoradamente com duas — uma mulata clara, uns 25 anos, bonita, discreta, amigável. Disse-me que era "gay" e que seus enormes peitos eram prótese — e que poderia tirá-los quando quisesse. De fato, minha amiga portuguesa contou que algumas destas meninas são profissionais do sexo apenas por tempo limitado, e após acumular alguns milhares de francos, voltam para a Argélia, alguns se casam e não falam mais no passado. Uma delas, que parecia estar ultracolocada, com cara de John Travolta e o "chuchu" (barba raspada) coberto com grossa camada de maquiagem, abriu o decote da blusa para me mostrar que seu volumoso peito não passava de um sutiã recheado de espuma — o que confirma a informação de que nem todas as meninas de Clichy são de fato transexuais, não passando de ocasionais transformistas profissionais do sexo.

A outra boneca com que conversei detidamente era mais veterana, uns 35 anos, magra, peruca tipo Chanel, maquiagem carregadíssima, com os contornos dos olhos misturando prata e turquesa, um misto de Cleópatra e Nefertiti. Tinha traços de mulher berbere. Vestia um longo-justo-escuro e um casaco imitando onça-pintada.

[Uma noite com as travelôs de Paris]

Era a mais excitada de todas: rebolou a dança do ventre com sua bunda solada, me assediou várias vezes perguntando em tom de gozação se eu queria me casar com ela, ameaçou, brincando, é claro, cortar o pescoço de uma bicha que a chamou de *monsieur* — lembrando para nós, não-argelinos, que nos desertos de seu país os fundamentalistas têm ultimamente degolado centenas de pessoas. Ao sair jogou no lixo os envelopes do gel dizendo que já estava arrombada, dispensando lubrificante...

Jacinta, a agente de saúde portuguesa, informou-me que a maior parte delas vivem em hotéis baratos nesta mesma região e que cobram 100 francos para *"faire la pipe"* (chupetinha) e 200 *"pour faire l'amour"* (20 a 40 dólares — preço superior a uma consulta médica numa clínica popular em Paris). Disse que muitas têm lucros extras batendo a carteira de seus clientes. "Infelizmente, essa é a realidade também aqui em Paris e para evitar assaltos, a maior parte dos clientes já vêm com o dinheiro certo na carteira."

Comentando sobre isso, Jacinta me disse que travesti esperta não precisa se arriscar roubando cliente, basta saber negociar o sexo: por exemplo, acerta 100 para chupar. Se o cliente também quer chupar a *bite* da boneca: *"ah, mon amour,* aí custa 200 francos!" Se o cliente quer enrabar a mocinha: *"Ah, mon petit choux,* 300 francos!" Na hora que a travelô está comendo o cliente — 400, e se o *"pedé"* está demorando muito para gozar, *"ah, mon cocô,* demorando tanto são 500 francos!" E assim, só na lábia, sem ter de roubar, a bicha já tem o suficiente para pagar o hotel e comer um bom menu com vinho, queijo e café incluídos.

Pouco antes de eu ir embora — à meia noite e meia passava o último metrô para Porte d'Orleans, onde eu me hospedava,

[Crônicas de um gay assumido]

no outro extremo da Cidade Luz — eis que chega Miss France, que pensei ser brasileira devido a seu tipo *mignon* de mulata-tipo-boquinha-na-garrafa: era da Polinésia Francesa, rosto lindo, pele chocolate ao leite, lábios carnudos, boca enorme capaz de engolir ao mesmo tempo meia dúzia de *"grosses bites"* — uma mulher belíssima. Ficou batendo longo papo com a outra transexual do PASTT: compararam seus grandes peitos e conversaram sobre seus projetos de operação de mudança de sexo, "Em Londres é melhor, exigem só dois anos de acompanhamento psicológico, e não cinco como na França, e os cirurgiões fazem melhor o serviço", ouvi a loira comentando com a outra.

Ao despedir-me de minhas novas amigas do PASTT — cuja presidenta é a transexual brasileira, Dra. Camille Cabral, médica dermatologista natural de Itabuna, um amor de mulher!, vi nas imediações algumas travestis dentro de um bar, em animada conversa em torno de uma mesa. Na rua, um grupo de três rapazes árabes acertavam programa com uma travesti envolta em vistoso casaco de peles. Era zero hora da terça-feira, 15 de novembro de 1999, outono com friozinho de cinco graus, em Clichy, na zona norte da Cidade Luz. Que Santa Joana d'Arc, a mais famosa e santa travesti francesa, proteja suas colegas de Paris.

Em tempo: em 2001, Camille Cabral foi eleita "vereadora" de Paris, cidade que igualmente elegeu um gay assumido como prefeito. Uma dupla que ficará na história da Cidade Luz!

[Rapazes de programa]

Afinal, quem são, o que fazem e como entender e definir os chamados garotos ou rapazes de programa?

Esta é uma das categorias de praticantes do homoerotismo das mais difíceis de ser estudada pois a quase totalidade dos michês não se consideram homossexuais e recusam-se a conversar sobre assunto tão tabu mesmo com pessoas conhecidas.

Como antropólogo que sou, antes de abordar algum tema sexológico específico, gosto de vislumbrar qual é o lugar ocupado pelos diferentes atores sexuais no universo sociocultural em que vivemos. Assim, para entender o fenômeno rapazes de programa, vale a pena rever as diferentes categorias de homoeróticos que pululam pelo Brasil afora.

Os rapazes de programa entram na última categoria de praticantes do homoerotismo: são bofes. (Bofe, que no tempo de nossos pais significava na gíria "mulher feia", nos últimos 30 anos passou a ser sinônimo de rapaz ou simplesmente, homem. A própria Elis Regina, de saudosa memória, costumava chamar seu maridão de "bofe".) Voltemos à vaca fria, ou melhor, à classificação dos gays, travestis e bofes.

Gay é sinônimo de homossexual, viado, bicha, fresco, etc. Mais de 95% dos gays são enrustidos; entre os assumidos, há as popularmente chamadas de bichas fechativas (outrora conhecidas como bichas loucas), que adoram desmunhecar e dar bandeira, sem contudo vestir-se de mulher. Outra categoria é constituída pelos gays assumidos — que inclui os militantes pelos direitos humanos dos homossexuais, como é o meu caso e o dos participantes do Movimento Homossexual Brasileiro, e os assumidos não ativistas, que não escondem sua preferência homoerótica na maior parte dos espaços em que circulam, embora não participem do MHB.

O segundo grande grupo de homossexuais são as travestis. Para ser mais exato, as travas e travecas, como são popularmente chamadas, constituem uma pequenina categoria, pois enquanto os gays devem representar mais de 17 milhões de brasileiros (10% da população), as travestis todas juntas não chegam a 20 mil criaturas. Entre as travestis brasileiras (e o certo é chamá-las mesmo com artigo feminino "as" travestis, posto terem optado pelo gênero feminino), segundo pesquisas realizadas pelo Grupo Gay da Bahia, em Salvador, 97% destas "monas" vivem da prostituição, as restantes exercendo ocupações geralmente ligadas ao universo feminino: cabeleireiras, modistas, dublês de artistas famosas em *shows* de boates, etc.

A última categoria dos praticantes do homoerotismo são os bofes, reunindo sob tal termo tanto rapazes que apenas eventual e esporadicamente transam com gays, assim como os maridos ou namorados de travestis e os rapazes profissionais do sexo. É sobre este último grupo que trataremos aqui.

O poeta Goethe costumava dizer que "a homossexualidade é tão antiga quanto a própria humanidade". Por analogia e com base em evidências históricas, podemos afirmar que a prostituição homossexual igualmente se perde nos primórdios da história humana. Tanto que mesmo antes de serem escritas as primeiras páginas da Bíblia, já há notícias de que diversos povos do Oriente praticavam uma espécie de prostituição homossexual sagrada, prevendo a cópula homoerótica dentro dos templos como ritual em louvor às divindades. Se na religião cristã a missa teve na sua origem um banquete ritual, por que homenagear a Deus apenas comendo e bebendo, e não, também, transando?

No Novo Mundo, quando da descoberta do Brasil, os europeus ficaram escandalizados com a devassidão sexual dos índios, especialmente com um grupo de nativos, chamados tibira, os quais "tinham cabana no mato para atender outros índios como se fossem prostitutas". Portanto, a prostituição homoerótica já era praticada nas Américas antes mesmo da chegada dos europeus.

Quando em 1591 a Inquisição envia um visitador à Bahia, o primeiro réu a se confessar é um sacerdote português, o padre Frutuoso Álvares que coincidia seu nome de "fruta" com abundante prática homossexual, tanto que confessa ter mantido "tocamentos torpes com mais de 40 mancebos". Contou mais: que com um tal Jerônimo Parada, de 19 anos, na primeira vez que transaram, foi só na base da amizade, mas que da segunda vez em diante, o guapo mancebo exigiu dois vinténs como gratificação pelos "serviços prestados". O baiano Jerônimo Parada, portanto, é o primeiro rapaz de programa da História do Brasil, o primeiro caso documentado de um michê que trocou sexo por dinheiro. Portanto, a prostituição homossexual está presente desde os primórdios de nossa nacionalidade.

Durante o Império, há notícias de que no Rio de Janeiro e Bahia, nas principais praças públicas (no Campo de Santana, no Campo Grande etc.) havia igualmente rapazes que atendiam clientes endinheirados — e que ao fugirem da polícia, correndo céleres que nem veados, ganharam um apelido conservado até hoje: o nome deste bicho corredor.

Quanto ao termo "michê", assim como muitas outras palavras ligadas ao mundo da prostituição, vem do francês (como *rendez-vous, madame* etc.) e tem dois significados: michê tanto pode ser aquele que se prostitui, quanto o preço pago pelo serviço prostitucional, hoje mais conhecido como cachê. Michetagem é sinônimo de prostituição.

Não há uma distinção clara entre rapaz de programa e michê. Alguns consideram que rapaz de programa refere-se apenas àqueles que anunciam seus serviços sexuais (ou de massagem...) nos jornais — também conhecidos como *taxi-boys* ou *massageurs*. Os michês seriam os que atendem clientes eventuais na rua: no Rio, fazendo ponto na Cinelândia e Via Ápia, em S. Paulo, na área da Ipiranga, Largo do Arouche e adjacências, em Salvador, na esplanada das escadas rolantes dos Shopping Centers do centro da cidade e próximo ao Elevador Lacerda, local apelidado pelos gays de "Cemitério Sucupira".

Para efeito desta análise, uso indistintamente os dois termos — michê e rapaz de programa — incluindo aqueles jovens que praticam a prostituição viril — diferentemente das travestis, que praticam a prostituição andrógina, pois muitas destas profissionais do sexo reúnem seios e outros detalhes anatômicos femininos lado a lado com atributos físicos masculinos, sendo muitas vezes ativos e penetrativos nas relações sexuais com seus clientes.

Quem são, como agem, o que pensam os rapazes de programa? Os interessados em conhecer em profundidade tal categoria sócio-sexual leiam o livro de Nestor Perlongher, *O negócio do michê*, que resultou de dissertação de mestrado defendida na Unicamp e pode ser encontrado em algumas bibliotecas públicas.

[Rapazes de programa]

Muitos michês são jovens de origem social pobre que descobrem poder ganhar alguns trocados extras, ou mesmo fazer grandes negócios, explorando o mercado prostitucional homoerótico. Saem de seus bairros pobres e periféricos a caminho do centro da cidade grande, onde, no anonimato da metrópole, fazem ponto nas esquinas, atrás das árvores e nos pontos de ônibus, à espera de algum cliente que os convide para dar uma volta de carro. No mais das vezes, motorista e pedestre trocam algumas frases na janela do carro, acertando preço, preferências sexuais e outros detalhes logísticos. Os mais *habitués* dispensam tal diálogo, pois já conhecem e são conhecidos da clientela.

Os programas podem ser feitos dentro do carro, em local discreto e escuro, em pensões e motéis, ou na casa do cliente. Infelizmente, é nestas casas e apartamentos que muitos gays são vítimas de violência e assassinato: de um total de 1.600 homossexuais assassinados no Brasil entre 1980-1997, 25% destes crimes foram praticados por rapazes de programa — algumas vezes, marginais e homicidas que se disfarçam de michês para praticar latrocínios — matar para roubar.

Há quando menos três tipos de rapazes de programa: uns que mantêm o comportamento exclusivamente de "machão ativo": não beijam, não pegam no caralho do cliente, só querem ser chupados e meter na bicha. Tem michê que chupa o furico do gay — como faz com mulheres — mas recusa-se beijar na boca. Este tipo faz questão de deixar bem claro que está transando por interesse financeiro: fica de pau duro com o gay, não porque também seja homossexual, mas porque é macho mesmo e tem de meter sempre, não importa de quem ou qual seja o buraco. Muitos representam este papel de supermacho para não decepcionar o cliente, pois há muita bicha descompreendida que jura de pé junto que seu parceiro de programa é 100% macho, que só come mulher, sendo ela, bicha milagrosa e maravilhosa, a única no mundo que conseguiu exercer incontrolável atração naquele garanhão super-sexy.

Estes michês do primeiro tipo têm como questão de honra não expressar nenhuma ternura ou amor pelo parceiro homossexual: reagem, às vezes agressivamente, ao serem identificados como gays. Para compensar sua egodistonia, às vezes matam para lavar a honra com o sangue do gay.

Há um segundo tipo de rapazes de programa: são menos reprimidos eroticamente, embora conservem em público os mesmos estereótipos do machão predador: na cama, porém, gostam e praticam a sacanagem toda — beijam na boca, fazem troca-troca, viram objetos sexuais de seus clientes. Muitos massagistas de saunas gays e rapazes que anunciam nos jornais pertencem a esta categoria: malhadões com músculos hercúleos e aparência esportiva, mas com tabela de preços mais altos para "serviço completo" — incluindo serem enrabados por seus clientes. Um perfeito exemplo deste tipo é aquele super-rapaz de programa que matou o antiquário paraense no hotel de Nova York: um seu cliente escreveu na revista *Sui Generis* que, ao perguntar se ele dava o rabo, respondeu: você está pagando, tem o direito de fazer o que quiser — exigindo apenas que botasse bastante lubrificante...

Há ainda um terceiro tipo de rapazes de programa, chamados pelos gays de "bofonecas": são jovens com orientação sexual predominantemente homoerótica em processo de homossexualização. São aqueles que embora sejam 100% homossexuais no seu íntimo, introjetaram a homofobia dominante em nossa sociedade heterossexista: têm medo e repulsa em assumir o próprio homoerotismo, daí começarem a exercê-lo apenas como "profissionais", escorando-se na desculpa de que estão transando apenas por grana, temerosos de assumir o tesão pelo mesmo sexo. Muitos destes rapazes de programa praticam a prostituição apenas durante sua iniciação homossexual, assumindo-se totalmente gays quando reúnem coragem para perceber que amar e sentir desejo erótico por outro homem é um sentimento tão nobre e gratificante quanto a heterossexualidade, e que o poeta Fernando Pessoa foi inspirado pelos deuses quando declarou: "O amor que é essencial; o sexo, um acidente: pode ser igual, pode ser diferente!"

Considero os rapazes de programa uma minoria sexual carente de inadiável intervenção por parte do movimento homossexual, pois boa porção destes moços, embora sejam predominantemente homoeróticos, vivem angustiados e rejeitam tal orientação sexual, por terem internalizado a homofobia dominante em nossa sociedade heterossexista. Expõem-se, também, mais ao risco de infecção por HIV/Aids, pois muitos, por não terem identidade e nem se afirmarem como gays, recusam os folhetos e cartilhas distribuídos à população homossexual. Lastimavelmente, muitos rapazes de programa alimentam violentos impulsos e reações homofóbicas, constituindo perigosa ameaça para a integridade física de seus clientes gays.

[Ex-gays existem?]

Diz um ditado popular: "Ex-gay e ex-anão não existem não!" Na minha opinião, mais uma vez a voz do povo é a voz de Deus — e ambas estão erradas —, pois hoje em dia, se até os anões podem aumentar sua estatura graças ao tratamento médico e o negro Michael Jackson pode virar branco, nada impede que um ser humano mude sua orientação sexual.

Segundo abalizadas pesquisas sexológicas, não há um determinismo insuperável que impeça qualquer indivíduo mudar o objeto de seu desejo erótico. Portanto, tanto pesquisas científicas quanto minha própria experiência convivendo com milhares de homossexuais confirmam que existem sim ex-homossexuais como existem igualmente ex-heterossexuais. O que não quer dizer que "tratamentos de choque" de tipo nazista, protagonizados por seitas protestantes, praticados por "clínicas de curas de homossexuais", possam milagrosamente mudar gays em devotos crentes heterossexuais. Pesquisas realizadas nos Estados Unidos comprovam que mudar a orientação sexual de alguém além de desumano, raramente, raríssimas vezes, surte resultado.

O que estaria por trás desta idéia de que não há caminho de retorno para quem experimentou o homoerotismo? De um lado, mais uma confirmação por parte dos não-gays, de que a experiência homossexual é algo tão forte e arrebatadora que quem bebeu desta água não consegue mais abandonar o caminho da fonte.

De fato, se o indivíduo foi a vida toda um heterossexual de fachada, sujeitando-se a desempenhar no teatro das aparências o papel de papai-mamãe, mas no fundo o que ele queria mesmo era uma relação papai-papai ou ser a mamãe para um papai machão — é claro que depois de ter experimentado o tão desejado e reprimido prazer com o mesmo sexo, este indivíduo dificilmente voltará à antiga prisão (hetero)sexual, pois finalmente terá encontrado a felicidade e a realização que durante tantos anos o medo da condenação social o impediu de gozar.

Quem foi por anos seguidos heterossexual à força raramente volta a transar com o sexo oposto, servindo, quem sabe, tais indivíduos, de inspiração para a crença de que não existem ex-gays. Entre as mulheres tais experiências são ainda mais freqüentes, pois muitas lésbicas reprimidas se casam, têm filhos, e só depois de muitos anos sendo "vítimas" do heterossexismo dominante é que juntam forças para mandar seus maridos e a sociedade às favas e mergulhar na doce felicidade de amar e fazer amor com outras fêmeas iguais a elas. Na Bahia há um caso famoso de uma professora com esta biografia, episódio comentado à boca pequena, mas jamais publicamente assumido pela protagonista, *hélas!*

Outra explicação para a crendice de ser impossível alguém afastar-se do homoerotismo tem a ver com o preconceito: muitos acreditam que o homossexualismo é uma doença incurável, uma espécie de micose ou de vírus, que bastou um primeiro e único contacto para a pessoa ficar contagiada para sempre e incapaz de escapar ilesa dessa praga. Como se transar com o mesmo sexo equivalesse a perder a virgindade. Daí a falsa idéia de que, por exemplo, um professor homossexual constituiria um grave perigo dentro de uma escola, pois poderia influenciar seus alunos a se tornarem, como ele, amantes do mesmo sexo.

Outro mito propaga que professores gays ou mestras lésbicas iriam inevitavelmente seduzir ou violentar seus pupilos adolescentes. Ledo engano! Como já antecipei, pesquisas confirmam que a orientação homossexual dos pais ou mestres não tem influência direta na preferência sexual dos menores e adolescentes. Primeiro por que não podemos esquecer que a quase totalidade dos homossexuais tiveram pais heterossexuais — e nem por isso deixaram de seguir sexualidade diferente da de seus progenitores. Segundo, porque estatísticas comprovam que não são os gays e lésbicas quem violentam e seduzem os inocentes, mas os heterossexuais, os responsáveis por 94% dos incestos e violências sexuais!

Voltando aos ex-anões e ex-gays. Como comprovar que muitas pessoas experimentaram relações homossexuais e voltaram à heterossexualidade? Novamente apóio minhas afirmações na convivência diária com milhares de homossexuais e com os resultados das pesquisas de outros observadores. E neste sentido, é o "pai da Sexologia", o Dr. Alfred Kinsey, quem nos dá o principal argumento sobre esta questão.

Já em 1948 — portanto há mais meio século — baseado em 12 mil entrevistas e questionários sobre a prática sexual dos norte-americanos, Kinsey encontrou 37% de varões que tiveram ao menos uma relação homossexual — ou seja, dois homens em cada cinco chegaram ao orgasmo com outro homem. Mais ainda: de cada seis homens pesquisados, mais de um teve experiência homossexual tão intensa quanto a heterossexual entre os 16 e 55 anos. Um em cada oito homens declarou ter mantido mais experiências com o mesmo sexo do que com o oposto e 4% dos pesquisados assumiram ser exclusivamente homossexuais, enquanto 3% das mulheres casadas declararam ser predominantemente lésbicas.

Tais números ensinam entre outras coisas que 1/3 dos homens experimentou os amores homoeróticos apenas uma ou duas vezes, e nunca mais transou com o mesmo sexo. Portanto, ao menos dois em cada cinco homens são ex-gays. Número nada desprezível e se extrapoladas tais conclusões para o Brasil contemporâneo, certamente encontraremos muito mais homens que experimentaram uma ou mais vezes as doçuras do amor unissexual do que imagina a vã filosofia.

Além da garantia desta pesquisa clássica na história da ciência sexológica, nossa convivência com milhares de homossexuais, por mais de 22 anos seguidos, na qualidade de fundador do Grupo Gay da Bahia (GGB), demonstra que, embora raros, há casos documentados e conhecidos de rapazes que após muitos anos praticando o homoerotismo mudaram radicalmente de vida: optaram exclusivamente pela heterossexualidade.

Muitos gays que freqüentam as reuniões semanais do GGB relatam que na infância e adolescência mantiveram por longos períodos relações homossexuais com seus irmãos ou primos, e que, hoje, esses seus ex-parceiros são casados e pais de família, sem nenhuma "seqüela" de um passado homoerótico. A maioria guarda debaixo de sete chaves este passado gay, jamais tocando no assunto.

Estes jovens comprovam não passar de mito a idéia de que o caminho da homossexualidade não tem retorno. Para muitos, o homoerotismo foi uma experiência da juventude, eventualmente uma aventura malsucedida em busca dos prazeres da carne, e que foi abandonada depois de encontrarem maiores satisfação na repetição de experiências com o sexo oposto.

Mais radical ainda é a mudança vivida por ex-travestis. Aqui na Bahia, na década de 80, uma das travestis-transformistas que mais sucesso fazia na principal boate local transformou seu frágil corpo de andrógino em musculoso rapagão, cheio de músculos e avantajados bíceps. Disse ter se cansado daquela vida de imitação de mulher, sentindo-se melhor neste novo papel sóciosexual.

Tais dados confirmam um dos axiomas da Antropologia: a sexualidade humana é fundamentalmente dialética — isto é, sujeita ao longo da biografia de cada um a pequenas mudanças ou guinadas radicais. O nascer com um pênis não vai determinar como este apêndice será utilizado: se numa "luta de espadas", se num solitário "descascar a banana" ou se para "fazer neném".

Assim sendo, ocorre muitas vezes que algum jovem ou adulto que nunca transou com o mesmo sexo, certa vez, num momento de crise emocional, ou descontraído por uma dose a mais de álcool ou sob o efeito desinibidor de alguma droga, se permite certas liberdades sexuais até então nunca experimentadas: transa com alguém do mesmo sexo. Nestes casos, no mais das vezes, é o próprio gay, mais experimentado e ousado, quem toma a iniciativa e seduz o inexperiente heterossexual. Nesta primeira e talvez última transa homoerótica, tudo pode ocorrer: o noviço pode se entregar de corpo e alma ao parceiro gay, "fazendo tudo o que tem direito": beijando, chupando e sendo chupado em todos orifícios e protuberâncias de seu corpo, dando e/ou comendo, sem restrição alguma. Estes são casos raros, pois marinheiros de primeira viagem homoerótica, quando já adultos, via de regra são muito reprimidos e zelosos em estabelecer áreas e condutas tabus em sua *performance* sexual: muitos há que, nesta primeira e única transa com um gay, não se permitirão nenhum carinho mais íntimo, excluindo desta relação o beijo na boca, chupar o pênis alheio e ser passivo na cópula anal. Já referi ao comportamento bizarro de alguns heterossexuais de primeira viagem homo, que recusam beijar a boca do gay e no entanto praticam o corajoso "beijo negro" (anilíngua), não se sentindo inferiores, nem vendo ameaçada sua masculinidade ao fazer "cunete" no parceiro.

Concluindo: ensinam a experiência e as pesquisas científicas que ninguém está inexoravelmente preso a um destino sexual — havendo inúmeros casos documentados e podendo qualquer um experimentar novas *performances* eróticas e abandoná-las ou persistir naquelas que produzem maior prazer, desde que consiga liberar-se dos preconceitos individuais e enfrentar a caretice social dominada pela ideologia heterossexista.

Ex-gay, ex-lésbica, ex-travesti e até ex-transexual existem sim, do mesmo modo que o mundo está cheio de ex-heterossexual, ex-papai-mamãe e ex-prostituto-prostituta. No mundo do sexo e do amor, não há limites, regras fixas, dogmatismo nem caminho de mão única: comer, amar e transar, basta começar...

[III] [Confidências]

[Contingencias]

[Meu primeiro tesão homoerótico]

Confesso que hesitei em usar a primeira pessoa ao tratar de algumas de minhas experiências eróticas. Cheguei a ponto de deixar em *suspense* a autoria de tais "memórias", tanto que, ao publicar a primeira versão desta crônica, nos últimos anos do século passado, iniciava assim o primeiro parágrafo:
"Tive o privilégio de receber pelo correio uma verdadeira preciosidade: o Diário de um homossexual onde conta, com detalhes, diversos aspectos e passagem de suas experiências eróticas ao longo de quase meio século de sua existência. Certamente enviou-me suas confidências sexuais com a intenção de que eu as divulgasse. Para garantir seu anonimato, usou um pseudônimo: Miguel Ângelo Yag. Trata-se de um professor, cinqüentão, natural de S. Paulo. Muitos leitores ficarão na dúvida: será que Luiz Mott não está se escondendo atrás deste misterioso gay anônimo? Que consultem o Espírito Santo, a Esfinge ou a Besta do Apocalipse... e talvez encontrem resposta deste enigma."
Agora, ao reunir estas cinqüenta crônicas para publicação, decidi assumir que este tal cinqüentão do parágrafo anterior sou eu mesmo. Afinal, se Santo Agostinho assumiu em suas *Confissões* ter-se apaixonado por outro homem; se Rousseau revelou ter feito "descarações" com um jovem árabe em sua mocidade; se o ex-presidente da Província de São Paulo e coronel do exército imperial Couto de Magalhães (confira sua crônica mais adiante)

[Crônicas de um gay assumido]

descreveu seus sonhos homoeróticos com negros e índios — Luiz Mott, cidadão do mundo e do terceiro milênio, não precisa de máscara para contar alguns trechos mais picantes de sua biografia. *Alea jacta est...* a sorte está lançada!

Alguns perguntariam: por que divulgar os devaneios e intimidades eróticas de um velho gay em sua puerícia? Exibicionismo, diagnosticarão os da turma da psiquê. Falta de ter o que fazer, completarão os mais pudibundos. Eu penso o contrário: adentrar-se na intimidade do sexo de um ser humano, sobretudo em se tratando de um homossexual, sempre é importante, pois como durante os últimos quatro milênios nossa civilização tachou o amor entre pessoas do mesmo sexo de abominação, pecado mortal e crime, havendo um orquestrado complô do silêncio que até nossos dias impede a divulgação desta variável amorosa — hoje, ao resgatar e divulgar tais variantes sexuais, estamos recuperando um aspecto da cultura humana tão prenhe de prazer, paixão e loucura quanto a heterossexualidade, mas que tinha sido condenado às trevas. Como diziam os filósofos antigos, "tudo que é humano é digno de interesse" — e apesar de nos chamarem de viados, até prova em contrário continuamos fazendo parte da espécie humana.

Não me lembro com exatidão de quando surgiu meu desejo homossexual. Quando tinha 7-8 anos, lembro-me de ter me excitado muito brincando de esconde-esconde com um menino pretinho, da minha mesma idade, cada um pegando, rapidinho e correndo, no pinto um do outro. Isso ocorreu na casa de minha avó, escondido dos olhos dos mais velhos. Acho que foi meu primeiro desejo e ato homoerótico — um impulso espontâneo, gostoso, ao mesmo tempo inocente e sacana. Não se tratava apenas

[Meu primeiro tesão homoerótico] **[113]**

de tocar ou pegar no pênis alheio: tinha uma conotação perversa de apertar, de sentir no meio da mão um objeto gostoso, tocar como se estivesse invadindo uma parte proibida de nossos corpos.

Passados anos, esta imagem e este desejo tornaram-se uma espécie de fixação na minha libido: tocar, encostar, pegar, apertar um pênis, foi sempre um de meus maiores prazeres sexuais, uma tentação que me persegue ainda hoje!

Tocar distraidamente no pênis de homens, meninos e rapazes, como se fosse um acidente, sempre foi uma das estratégias de pegação que mais gosto de praticar. Em locais de grande concentração de homens — ônibus, metrô, saída de cinema, filas de banco, na piscina ou dentro do mar, no meio da multidão no carnaval ou numa festa de largo, minha mão-boba sempre foi espertíssima, tocando de leve, apalpando, e se há sinal verde e tesão da "vítima", então aí pego mesmo a pica do cidadão ou do rapazinho com todos os dedos, tomando cuidado, se estivermos num lugar público, com gente por perto, para que tudo fique só entre nós dois.

Viajando sozinho de carro, dezenas de vezes dei carona para rapazes na beira das estradas. Ou então, quando via algum jovem interessante na rua, perto de um ponto de ônibus, por exemplo, inocentemente oferecia carona, ou pedia para me levar até uma rua ou bairro nas imediações. Só a vitória de botar um homem desconhecido dentro do carro, sentado ao meu lado, já me dá enorme tesão: olhar disfarçadamente suas pernas, fixar os olhos na braguilha de sua calça, tesão ainda maior! Então começa a arte do ataque: dependendo do tipo e da ocasião, uso opcionalmente o golpe nº 1 ou nº 2.

Golpe nº 1: após um bate-papo de apresentação recíproca, jogando conversa fora, tem início a ofensiva: se o tipo sacou que eu sou gay e estou a fim de uma sacanagem, minha mão boba encosta discretamente na perna do carona, toda vez que vou mudar a marcha do carro. Quando engato a quarta marcha, fico com o canto da mão ou o dedinho só encostando na perna do fulano, às vezes dando um olhar de lince na braguilha do gostosão, para ver se o caralho já começou a ficar pururuca. Se o cara abrir a perna, forçar o joelho contra minha mão na marcha, significa que o golpe foi certeiro. Sem receio, lá vai minha mão acariciando as coxas do carona, chegando em segundos ao caralho que nesta hora já está querendo saltar pra fora da calça *jeans*. É só parar o carro nalgum lugar deserto e bater uma deliciosa punheta, tomando apenas cuidado para não sujar a roupa ou o carro na hora de esporrar.

Técnica nº 2: esse golpe é mais delicado e destina-se a rapazes mais tímidos ou inexperientes, que não reagiram instintivamente à minha mãozinha-boba encostando de leve em sua perna na hora de mudar a marcha do carro. Começo com a pergunta clássica: você tem a perna tão musculosa, joga futebol? Cem por cento dos rapazes dizem que sim. Aí logo vou eu, pegando na coxa do fulano, apertando como se apertasse o pernil de um bezerro, dizendo: dá bem pra ver que você joga futebol, com estas pernas grossas, musculosas... E a mão-boba continua quietinha na perna do carona. De vez em quando tiro a mão alguns segundos para mudar o câmbio, voltando mecanicamente de novo para a perna, só que alguns centímetros mais acima, em direção ao poço da felicidade...

Pouquíssimas vezes o fulaninho me olhou assustado, bravo, ou tirou minha mão de sua perna. Nunca fui agredido ou ameaçado nestas investidas. Se ele não se importou com minha mãozinha-boba em sua perna, em poucos minutos o volume do pau duro empurrando a braguilha gritou alto o que eu mais queria ouvir naquele momento: a pegação tinha sido um sucesso. A conquista funcionou e o sexo vai rolar.

Na maior parte das vezes, em conquistas como estas em ruas e estradas, o fulano quer ser apenas o ativo, gostosão tipo estátua a que o viado vai dar prazer, seja batendo punheta, chupando ou dando. Algumas poucas vezes, o carona ou por já ter experiência no babado, ou por se sentir com curiosidade e à vontade, sem ninguém para dedar e comprometer sua ilibada reputação, o carona entra de corpo e alma na sacanagem, pegando na minha rola, beijando, se roçando, querendo sexo total. Calculo que só uns 10% de conquistas terminaram nesta reciprocidade total.

Nestas pegações automobilísticas, as surpresas fazem parte do *métier*, inclusive surpresas desagradáveis, como a chegada de estranhos ou policiais quando eu estava em pleno gozo com algum parceiro nalguma rua ou estrada deserta. Numa destas vezes, de noite, na década de 60, em frente à Igreja da Rua Frei Caneca em S. Paulo, estávamos os dois seminus dentro de meu carro, quando uma viatura policial chegou de mansinho: só deu tempo para engatar uma primeira e arrancar a 100 por hora. Os policiais atiraram contra meu carro, sem felizmente nos atingir. No outro dia de manhã, lá estava no pára-lama de meu karman-ghia a marca de um tiro, que por pouco não nos atingiu. Tanto quanto esta fixação em encostar minha mão-boba em pernas e pegar na genitália de rapazes e homens, creio que aquela minha primeira experiência homoerótica com o molequinho preto na casa de minha avó deixou outra marca indelével em minha fantasia sexual: a preferência pela raça negra.

Para dizer a verdade, acho que posso até recuar à minha primeira infância a explicação por que sempre preferi negros como parceiros para o sexo. Sou branco, assim como os demais membros de minha família ascendente. Mas desde recém-nascido, quase sempre, eram negras as babás e empregadas que cuidaram de mim e de meus irmãos. Imagino que o gosto que sinto pelo cheiro do sovaco bem lavadinho e sem desodorante de um negro, o prazer que sinto em beijar a pele retinta de um afro-descendente, o tesão que me domina ao apertar uma bunda redonda e forte de um negróide ou de fantasiar com o picão de um mulato faceiro — daqueles que Dorival Caimy diz que perambulam pela Baixa do Sapateiro..., toda esta fixação tem a ver primeiro com as babás negras que me carregaram, me deram banho, certamente beijaram e manipularam sensualmente aquele bebê que fixou em seu inconsciente a imagem negra associada ao prazer, segurança e conforto.

Em segundo lugar, aquela sacanagenzinha homoerótica com o pretinho na casa de minha avó com certeza penetrou profundo também no meu inconsciente, pois a pele negra passou a representar para mim o prazer, o tesão, a desobediência ao proibido e a afirmação de minha natureza essencial: a homossexualidade.

[Autobiografia homoerótica (I)]

Tenho 53 anos, sou paulistano, professor de Antropologia, presidente do GGB — o badalado Grupo Gay da Bahia. Considero-me um privilegiado por ter nascido numa família pequeno-burguesa que me permitiu cursar a universidade sem ter de trabalhar, viajei várias vezes ao exterior, tenho casa própria. Sou um gay assumido — talvez o homossexual mais visível na mídia brasileira, tendo sido três vezes entrevistado por Jô Soares, Hebe Camargo, Sílvia Popovic, etc. Fui "páginas amarelas" na *Veja* e várias vezes assinei artigos na *Folha de S. Paulo*, *Jornal do Brasil* e outros. Tenho mais de 2.000 páginas publicadas em livros e artigos, e assino a página GLS da *Brazil Sex Magazine* e o Arquivo Mott na *Sui Generis*.

Cito tudo isto para enfatizar que felizmente já é possível, também no Brasil, um homossexual assumido ser professor universitário, intelectual respeitado, bolsista do CNPq, sócio dos Institutos Históricos e Geográficos da Bahia, Sergipe e Goiás, membro da Comissão Nacional de Aids do Ministério da Saúde, etc., etc. Que este *curriculum* estimule outros gays e lésbicas a terem coragem de também se assumir, pois na maior parte das vezes, tais homossexuais mantêm-se enrustidos por pura burrice, pois não avaliaram quanto teriam a ganhar após declararem o que a maior parte dos colegas e pessoas próximas já sabiam: que são praticantes do "amor que não ousava dizer o nome"...

Qual foi o caminho trilhado por Luiz Mott até tornar-se "o rei dos gays" — nome como era tratado pela rapaziada dos Barris — bairro de classe média onde mora em Salvador, quando passava voando na sua moto Honda?

Nasci em 1946, logo após o fim da Segunda Guerra Mundial. Nesta época um cientista maluco propôs uma teoria defendendo que os estouros das bombas e o estresse provocado nas mulheres gestantes pela guerra redundaram no nascimento de futuros homossexuais... Mesmo sem bomba por perto, minha querida mãe pariu um rebento gay — pelo que saiba, o primeiro assumido em nossa família — pois os enrustidos ou os que a parentela se encarregou de esconder, infelizmente, destes, se perdeu a memória.

Cresci numa família católica praticante, o sexto de oito filhos, metade de cada sexo. Sempre fui criança delicada e sensível, tanto que muitos me perguntam ainda hoje se era filho único — tentando explicar minha homossexualidade como resultado de excessiva proteção e carinho geralmente dedicado sobretudo pelas mães aos filhos únicos. Ledo engano: venho de família numerosa e com número equilibrado de machos e fêmeas.

Não me encaixo também no modelo freudiano da mãe dominadora e do pai ausente, pois meu pai sempre esteve presente em casa e na minha vida: nas férias levava-me em divertidas pescarias numa ilha afluente do rio Tietê — naqueles tempos em que ninguém ainda falava em poluição...

Nasci entre duas irmãs, sendo que após meu nascimento, morreram minhas irmãs gêmeas recém-nascidas. Penso que esta dolorosa perda e o fato de ter sido caçula por período mais longo foram fatores que levaram meus pais, tios, avós e irmãs a terem me coberto de mais carinho e atenção do que os demais irmãos, tanto que fui o único da família a ser chamado durante toda a infância de "nenê", sendo o queridinho de minha avó.

No Nordeste costuma-se dizer que "menino criado por avó" geralmente fica mais dengoso. Hoje acredito que minha homossexualidade teve como ingredientes formadores uma possível predisposição genética que encontrou terreno fértil para desabrochar na minha condição de caçula, no fato de ter nascido entre duas irmãs e ter sido certamente "boneca viva" de minhas três irmãs mais velhas. A gênese da homossexualidade continua um mistério — apesar das teorias biológicas tornarem-se cada vez mais sofisticadas e tentadoras.

Entre os 5-7 anos — idade em que, segundo a moderna psicologia, define-se a orientação sexual dos futuros adultos — sentia forte desejo de ser mulher. Cheguei a passar *rouge* e batom — os únicos cosméticos disponíveis na época. Adorava enrolar os cílios com um aparelhinho de metal que minhas irmãs usavam para este fim. Tinha em casa uma espécie de poncho, presente de uma tia gaúcha, que eu adorava vestir: era a roupa que mais me aproximava do universo feminino, já que não me permitiam vestir roupas de minhas irmãs.

As primeiras vezes que tive ereção causaram-me grande desconforto: não gostava da sensação de sentir meu pintinho duro. Ter de jogar bola com meus irmãos era outro suplício, preferindo brincar de "fazer comidinha" e celebrar missa. As hóstias eram feitas com rodelas de banana nanica.

Minha beleza física era constantemente elogiada pelos adultos, enquanto a garotada me chamava de mulherzinha, mariquinha. Detestava tais xingamentos! Chorava de raiva, sem conseguir solucionar este conflito: secretamente, no profundo de meu ser, forte desejo de ser mulher — mas quando me chamavam exatamente do que almejava ser — sentia-me profundamente magoado.

Quando tinha 6 ou 7 anos, certa noite, numas férias na Praia Grande, perto de Santos, no apartamento de um tio (que, soube-se depois, abusou sexualmente de minhas irmãs e primas, um pedófilo contumaz!), deitando-se na minha cama, senti seu pênis, enorme e quente, que encostava em meu corpinho completamente inocente: não sei explicar por que, pulei fora da cama, recusando tal intimidade. Creio que já nesta época, após minha primeira comunhão, passei a ter noção de que aquele assédio sexual representava um grave pecado mortal e, por isso, afastei-me desta tentação diabólica.

Não me lembro de ter-me excitado ou mesmo ter tido desejo de maior intimidade com aquele adulto. Hoje percebo a contradição em que vivia, pois tinha fantasias de ser mulher, abominava ser chamado de mulherzinha mas não tinha ainda desejos homoeróticos.

Não me lembro de jamais ter visto qualquer homossexual em toda minha infância. Nem sequer ouvido referência ao sexo entre homens ao menos até os 10 anos, quando ouvi um coroinha dizer, na Igreja Nossa Senhora de Fátima, no Sumaré — bairro onde criei-me em S. Paulo —, que estava a fim de comer um outro coroinha, um portuguesinho branquela, menino muito mais jovem e indefeso que o tal aprendiz de garanhão. Na minha inocência imaginei que "comer" significava engolir o pintinho do outro menino — e confesso que fiquei com pena do loirinho que estava sendo alvo deste desejo a um tempo antropofágico e homoerótico do rapaz mais velho. Se cumpriu sua fantasia não cheguei a saber.

[Autobiografia homoerótica (I)] **[121]**

Recordo-me vagamente de ter brincado certa vez de pega-pega na genitália de uma menina minha vizinha, e com uma prima, de ter-me deitado por cima das costas dela, ambos vestidos, simulando uma relação sexual — as únicas experiências heterossexuais de minha pré-adolescência. Com um empregadinho negro de minha avó, brincamos de apertar o pinto um do outro, e na fazenda de meu pai fiquei passando a mão na bunda de outro menino mais novo que eu. Tinha um sonho juvenil que se repetiu algumas vezes: via um bando de mulheres nuas tendo seus seios cortados, como se fosse uma cena de martírio coletivo. Freud certamente me rotularia de sádico e misógino, encontrando neste sonho a explicação de minha tendência homossexual.

Dos 10 aos 17 anos vivi interno num seminário em Juiz de Fora: queria ser frade dominicano — da ordem religiosa cujo hábito branco talvez me evocasse um vestido de noiva, batina linda de morrer! — e até hoje sonho, com muito prazer, estar vestido de dominicano. Aí, já na puberdade, ouvi contar de alguns rapazes que se masturbavam nas últimas carteiras na sala de aula; contaram-me também de um outro menino que era comido pelos mais velhos num escuro bananal no morro do seminário; que um padre francês costumava beijar na boca diversos seminaristas, etc. Nada disso me despertava desejos de imitar aqueles "pecadores". Inspirava-me no jovem São Domingos Sávio: "Antes morrer do que pecar!"

Um jovem noviço, nordestino, era viciado em beijar na boca os seminaristas mais novos — entre eles eu, que "agüentava" aquele assédio sexual sem muito entusiasmo. Numas férias de julho, num acampamento de escoteiros, lá pelos meus 13 anos, numa cabana, aí sim correspondi aos beijos ardentes de um seminarista mais velho, porém, quando este tentou desabotoar minha calça, afastei-o, contando na manhã seguinte, ao confessor, ter sido assediado, sem contudo ir além da troca de beijos.

    Este episódio tornou-se do conhecimento público no seminário e durante anos seguidos carreguei o estigma de ter "dado" para o rapaz mais velho, sem contudo ser merecedor desta má fama. Para demonstrar minha inocência, refugiei-me no misticismo, tornando-me um seminarista exemplar, ultrapiedoso e casto, tanto que só aos 16 anos me masturbei pela primeira vez, assim mesmo com enorme culpa e remorso, buscando imediatamente a absolvição de um confessor. Nesta época mantive uma longa paixão platônica com um seminarista quatro anos mais velho: hoje lastimo profundamente que jamais tenhamos nos permitido qualquer intimidade física. Trocamos dezenas de cartas cheias de casta emoção e saudades.

    Durante toda minha formação escolar, jamais pessoa alguma falou-me seriamente deste assunto tabu, nem sequer tive o que ler sobre a homossexualidade. Duas imagens contudo povoaram meu inconsciente juvenil: a informação de meu professor de História na Academia do Cristo Redentor em Juiz de Fora — o qual chegou a ser Ministro da Cultura de Itamar Franco — e que disse em sala de aula que "o homossexualismo fora a causa da queda do Império Romano" — mito propagado desde a Idade Média, e que a crítica historiográfica desmente cabalmente. O outro fantasma homofóbico marcante em minha adolescência foi a idéia de que o futuro de todo homossexual era a condenação de viver pobre na solidão de um quartinho de pensão de quinta categoria — mito que certamente teve sua origem em algum romance naturalista do século passado ou na tragédia dos últimos anos da vida de Oscar Wilde.

[Autobiografia homoerótica (I)] **[123]**

Dentro de mim, no mais profundo de minha consciência, eu vivia uma grande contradição: de um lado, crescia cada vez mais o desejo erótico pelo mesmo sexo; do outro, a homofobia internalizada que me levava a identificar o homoerotismo como pecado mortal, como causador de tragédias humanas que eu não podia aceitar — sentimentos que conviviam com o medo de que, ao abraçar este estilo de vida, estaria condenado à desgraça e à solidão.

Como tantos outros milhões de jovens homossexuais da minha geração e das que me antecederam por este mundo afora, sofri horrores por carregar secretamente este triste destino: chorei muito, rezei insistentemente pedindo a Deus que me livrasse deste maldito desejo, pensei em suicídio. Raríssimos são os gays e lésbicas que não tenham passado por este mesmo calvário, sem ter alguém com quem se abrir, sem vislumbrar qualquer modelo positivo em que se inspirar, morrendo de medo de ser descoberto, humilhado, com verdadeira fobia de ser vítima de violência física, perder o amor da família e dos amigos no caso de virem a descobrir este feio segredo guardado debaixo de sete chaves.

Como tentativa de conviver com esta maldição, adolescente comecei a racionalizar tal situação, aceitando que de fato eu tinha uma "tendência" homossexual, mas lutava com todas as forças para sufocar desejos tão maléficos. Várias vezes, dormindo, tive deliciosas poluções noturnas com imagens homoeróticas — no dia seguinte, ficava deprimido com a consciência pesada. A primeira vez que tive um sonho heterossexual foi a glória: contei para um amigo a façanha como se fosse minha redenção. Imaginei então que eu podia ser "normal", igual a todo mundo.

Com o tempo constatei que eu tinha mais do que uma "tendência" homossexual. Eu era mesmo gay! Só que na verdade me tornara um homossexual egodistônico: meu ego estava fora de sintonia com meu verdadeiro e mais forte desejo existencial. Eu tinha medo de assumir para mim próprio que gostava mesmo era do mesmo sexo.

Tudo isso porque vivemos numa sociedade heterossexista que discrimina e persegue de forma cruel os amantes do mesmo sexo. Não havia lugar para um homossexual se assumir e ser respeitado há 40 anos. Do mesmo modo que a mocinha que perdia a virgindade era jogada na sarjeta, que a mulher desquitada era discriminadíssima, assim também homossexual era sinônimo de vergonha, humilhação, exclusão.

Felizmente consegui dar a volta por cima e descobrir que na verdade não era eu que estava errado em ter desejos homoeróticos, mas os errados eram os "normais", que impediam e continuam querendo impedir a felicidade e a realização integral dos seres humanos independentemente de estarem fora da "norma" dominante.

Até chegar a esta compreensão e tornar-me a "bicha-mor da Bahia" (como me apelidou o principal jornal do Norte e Nordeste, *A Tarde*, de Salvador), foi um longo caminho de lutas e desafios a serem vencidos.

[Autobiografia homoerótica (II)]

Este é o segundo capítulo do que chamei de "Autobiografia homoerótica". Confesso que só depois que passei a assinar a coluna GLS da *Brazil Sex Magazine* encontrei espaço e estímulo para abrir estas páginas secretas do livro de minha vida. Como, modéstia à parte, sou um gay brasileiro que já tem seu lugar em nossa História, tenho certeza de que os futuros historiadores e biógrafos vão ficar felizes em ter encontrado este relato escrito na primeira pessoa, coisa rara entre pessoas públicas. Afinal, poucos são os homossexuais que têm coragem e tiveram oportunidade para publicar assuntos que a grande imprensa ignora ou boicota. O sociólogo e antropólogo Gilberto Freyre foi uma das louváveis exceções: ousou divulgar, em sua autobiografia e em entrevista à revista *Playboy*, detalhes sobre suas experiências homoeróticas, citando nome e local, na Inglaterra, de seu amante. Também ousou, Mestre Gilberto, declarar ter fumado maconha — fumado completamente, não como disseram dois dos últimos presidentes dos Estados Unidos e Brasil, que fumaram sem tragar...

Como já disse há pouco, nasci numa família pequeno-burguesa, católica e, desde os 8-9 anos, botei na cabeça que queria ser padre.

Como muitos homossexuais, logo ao entrar na idade da razão, senti forte desejo de ser do sexo oposto e imagino que se não fosse a repressão familiar, obrigando-me a agir e comportar-me como menino, certamente teria me tornado travesti ou transexual. Hoje, na verdade, não reprovo a repressão de que fui vítima, pois não me considero nem uma travesti nem uma mulher frustrada, e gosto mesmo de ser homem homossexual, muito embora tenha adotado pequenos detalhes do universo feminino em minha personalidade e no dia-a-dia.

Outra questão: o desejo de ser padre também pode ser interpretado como uma estratégia muito comum em jovens com tendência homossexual, pois a vida clerical apresenta-se como alternativa ao medo de ter de se casar, já que se exige o celibato dos sacerdotes. Não é à toa que tem tanto padre e pastor, sem falar nas freiras, que são praticantes secretos do "vício dos deuses"...

No capítulo anterior já contei alguns episódios relativos à homossexualidade durante meu tempo de seminário. Episódios envolvendo outros seminaristas ou padres, posto que continuei virgem até deixar a carreira sacerdotal. Infelizmente, digo eu, mantive-me virgem por tanto tempo, pois morro de inveja dos meninos e adolescentes que iniciaram sua vida sexual quando ainda usavam calças curtas.

Somente depois de sair do Convento dos Dominicanos, em 1964, já com 18 anos, é que fui ter minhas primeiras experiências sexuais. Apesar de sentir maior atração pelo mesmo sexo, vivia-se numa época de tanta repressão sexual que, em vez de minha primeira transa ser com um homem, foi com uma mulher. Naquela época eu padecia de um mal que ainda hoje atinge muitos gays e lésbicas: "homofobia internalizada". Isto é, mesmo sendo homossexual, eu temia e odiava esta tendência, tudo fazendo para negá-la e destruí-la. Daí ter seguido a ordem "normal" da sociedade e procurado uma mulher para iniciar-me nos prazeres do sexo.

Minha primeira transa sexual com outro ser humano foi portanto com a empregadinha de uma vizinha: numa rua escura, por coincidência, a poucos metros de onde morava Hebe Camargo, no Sumaré, altas horas da noite, no banco de trás do volks de meu pai, consegui, meio desastrado e sem muito tesão, comer a primeira mulher de minha vida. Senti-me gratificado por provar a mim mesmo que era "homem", mas parcialmente frustrado, pois o gozo não tinha sido tudo o que esperava.

Depois desta primeira vez, tive uma amizade colorida com outra mocinha que se dizia estudante, mas que o cheiro de água sanitária de suas mãos confirmava que também Tânia era "secretária do lar"... Transávamos na quitinete que meu irmão tinha num treme-treme na Rua Paim, perto do Teatro Maria della Costa: algumas transas foram boas, outras um fiasco — simplesmente brochava na hora de meter. Minha homossexualidade reprimida se vingava! Mas por falta de informação, por desconhecer outros gays, recém-saído do seminário, não conhecia praticamente nada sobre o universo homossexual, embora minhas fantasias eróticas fossem cada vez mais homossexuais.

Este é um outro grave problema para os jovens gays e lésbicas: a falta de modelos positivos e informações adequadas sobre o universo homossexual. Hoje, com a internet e revistas homoeróticas, onde se podem encontrar milhões de endereços inclusive dos grupos de gays, lésbicas, travestis e transexuais, a coisa se tornou muito mais fácil. "Antigamente", e ainda hoje, para os homossexuais que vivem em cidades menores ou sem acesso à mídia, predomina a sensação do isolamento, como se não existissem outros seres semelhantes a si, com os mesmos desejos e dilemas. Tem muito gay que acha que é o único no mundo a ser portador desta triste sina: ser um xingamento.

Assim me sentia até que um vizinho, no meio de uma conversa fiada, contou que na praça em frente da Biblioteca Municipal de S. Paulo tinha um bando de viados à espera de quem quisesse transar. Foi a primeira vez que ouvi falar da existência de um lugar de encontro homossexual. Não deu outra: na mesma semana, na primeira noite livre, fui conferir o local.

Não lembro se havia outros rapazes disponíveis, o certo é que puxei conversa com um mocinho de boa aparência, com cara de cearense, que aceitou dar uma volta em meu carro. Disse que era garçom numa casa de grã-finos no Pacaembu. Paramos num local distante. Eu tremia como vara verde: nesta e em muitas das primeiras vezes que transei, não conseguia controlar as pernas, a mão tremendo, até o queixo batia como se estivesse morrendo de frio. Acho que o desejo homoerótico era tão intenso e a auto-repressão tão forte, que chacoalhava todo o meu ser, corpo e mente.

Saímos do carro, arriamos as calças: ele queria me dar, mas eu não sabia ainda como comer um cu, pois verdade seja dita, não é qualquer rapazinho que logo na primeira vez consegue meter e gozar gostoso. Depois aprendi e, modéstia à parte, meu desempenho na arte da penetração nunca provocou reclamação. Mas naquela primeira transa simplesmente desisti da idéia de comer o tímido cearense. Terminamos na punheta, sem beijos nem abraços.

De volta para o carro, lembro-me de que foi um suplício o caminho de volta: tinha nojo, vergonha e raiva de mim, do coitado do rapaz, e do que tinha acontecido. Minha homofobia era tão grande que não agüentando a presença deste meu primeiro parceiro ao meu lado, inventei um defeito no carro, pedi que saísse para olhar o pneu, e fugi a toda velocidade. Hoje envergonho-me deste golpe baixo, mas também eu era vítima inconsciente da homofobia. Chegando em casa, tomei banho demorado para destruir qualquer cheiro ou marca daquela transa proibida. Na manhã seguinte, corri para o confessionário para pedir perdão por um pecado tão cabeludo. O sermão do padre reforçou minha repulsa a este desejo proibido: que eu me lembrasse da destruição de Sodoma e Gomorra!

Hoje, passados mais de 30 anos desta primeira transa homoerótica, fico pensando quantos e quantos gays e lésbicas continuam passando pelos mesmos traumas e frustrações, simplesmente porque esta cruel sociedade heterossexista impõe como modelo sexual único a relação macho-fêmea, enchendo de porrada, de encucação, culpa e remorso os que desejam ou praticam outras formas de amar.

Imagino como poderia ter sido muito mais acertado, "natural" e agradável, se quando eu era adolescente, na escola, os professores tivessem dito a verdade e contado, por exemplo, que Alexandre Magno viveu paixões arrebatadoras por outros homens e nem por isto deixou de ser o maior guerreiro da Antigüidade; que S. João Bosco, o fundador da congregação dos padres do colégio paulista em que fiz o primário e a primeira comunhão, o Liceu Coração de Jesus, teve sonhos e atitudes que hoje permitem aos estudiosos identificá-lo como apaixonado pelos meninos e adolescentes a quem dedicava tanto cuidado e carinho. Que pena não terem nos ensinado junto com o bê-a-bá, que todo mundo, inclusive os jovens, devem ter sua preferência sexual respeitada e ser orientados a viverem sua sexualidade — seja homo, hetero ou bi — com responsabilidade e sem culpa ou remorso.

Infelizmente, nem eu nem os jovens contemporâneos recebemos nenhuma destas informações, redundando em sermos forçados a viver na clandestinidade, no fingimento e mentira, arriscando-nos a contatos perigosos, ao risco das doenças sexualmente transmissíveis, à chantagem, à violência e à exploração sexual. Que pena que a minha primeira vez, assim como a de tantos homossexuais, tenha sido traumática, feia, cercada de medo e culpa. Que me desculpe aquele primeiro gay com quem transei, por tê-lo abandonado no meio da rua! A culpada é esta sociedade cruel que primeiro nos apedrejava, depois nos queimou na fogueira e nos campos de concentração, e que no Brasil na virada do terceiro milênio, a cada três dias, assassina cruelmente um homossexual.

Tudo por causa da ditadura heterossexista que não permite e persegue a concorrência da minoria homossexual. Aí questiono eu: se a heterossexualidade fosse, como a maioria heterossexual garante, tão natural e espontânea, por que os que preferem o sexo oposto são tão intolerantes com os adeptos de outra maneira de amar?

Se basta nascer macho para sentir-se atraído por uma fêmea, por que ameaçar e dar tanta porrada nos jovens e adultos que gostam do mesmo sexo? No fundo, a tentação à liberdade sexual — inclusive a liberdade de ser gay, lésbica ou travesti — é tão grande; o tesão homoerótico reprimido dos heterossexuais é tão forte; a inveja que sentem de nossa liberdade erótica é tão insuportável, que provocam na maioria da população reações pra lá de absurdas e criminosas, como espancar filhos e filhas quando descobrem-nos praticando "descaração" com alguém do mesmo sexo; expulsar de casa, empurrando para a prostituição, DST e drogas perigosas, filhos e filhas "incorrigíveis", sobretudo jovens com tendência ao travestismo ou à transexualidade.

Depois da descoberta do primeiro espaço de pegação homossexual, entrei para nova categoria sexológica: de homossexual latente e conflitado, tornei-me um homossexual praticante e angustiado, pois o catolicismo impedia-me de viver sem culpa o prazer dos amores homoeróticos. Passei a explorar novos locais, a conhecer pessoas iguais a mim, a freqüentar o "ambiente". Com o tempo fui tornando-me um "entendido". Passaram-se quase dez anos até eu aceitar tranqüilamente o inevitável: eu era mesmo predominantemente homossexual.

Hoje, após mais de trinta anos de homoerotismo, repito com Jean Genet: "Para mim, a homossexualidade foi uma bênção." E meu patrimônio e a breve aposentadoria como professor universitário derrubam aquela absurda maldição ouvida na juventude, de que todo homossexual acaba seus dias pobre, num quartinho abandonado. Vou mais além: não me arrependo um só minuto de ter seguido este caminho, pois para mim "a homossexualidade tem sido uma graça!"

[Fidelidade vale a pena?]

Às vezes fico um pouco constrangido quando digo que vivo com meu companheiro há 17 anos e que temos um pacto de fidelidade. Muita gente não acredita que conseguimos ficar sem transar com outras pessoas. Alguns desaprovam tal exclusividade, alegando que é caretice evitar novas experiências, que estamos repetindo valores caducos da moral cristã-burguesa. Que macaqueamos os heterossexuais caretas.

Confesso que nos meus 35 anos de prática homoerótica, só nestes últimos 10 anos fui quase totalmente fiel — pois tive apenas duas transas com desconhecidos: uma vez Marcelo tinha viajado, aí cacei um rapaz na rua e ele me chupou dentro do carro. Logo em seguida fiquei deprimido, pois foi uma transa sem emoção e que depois me deixou vários dias arrependido de ter cedido a um impulso cujo resultado foi uma grande frustração. A outra vez foi um pouco melhor, num hotel 5 estrelas no rio Amazonas — um rapaz carinhoso, uma transa absolutamente *"safe sex"*, e depois, sensação de tranqüilidade sem nada de consciência pesada.

Semanas depois, conversei com Marcelo sobre essas transas. Contei a verdade: que em nenhuma delas houve qualquer risco de contaminação e que em absolutamente nada abalaram meu amor e vontade de continuar transando só com ele. Ele não gostou nada de minha franqueza, mas ficou nisso mesmo, nunca mais voltamos ao assunto.

De minha parte, eu acredito igualmente na fiel honestidade de meu companheiro. Mesmo levando em conta ser ele muito mais ligado em sexo do que eu — por exemplo, ele costuma ver muito mais homem de pica dura na rua do que eu, adora filme pornô, gosta de ver machos nus na internet — malgrado ter 33 anos e eu 55, acho que também Marcelo aprendeu a dar valor e curtir este sentimento de fidelidade recíproca, e se tivesse transado com alguém, nestes últimos anos, teria me contado.

Como me contou, por exemplo — e eu não me importei, apenas fiquei com inveja! —, que num fim de semana, quando eu estava em Paris, numa boate em Salvador ele foi convidado a subir no palco fazer "massagem" num dos homens-objeto de um *show* de *"stripers"*. Disse que passou a mão no peito cabeludo do gostosão, apertou suas coxas que pareciam de ferro de tão duras, pegou na rola (infelizmente mole!), tirou diversas fotos — mas ficou só nisso. Repito: não tive nenhum tiquinho de ciúmes, inveja sim, pois gostaria de ter sido eu o felizardo a ter manipulado aquele macho-objeto, bofe profissional.

Há muito casal que segue o modelo "exclusividade" e que não suportaria esta nossa "licenciosidade". Nem toleraria que o companheiro fosse sozinho numa discoteca. Ou que, na rua, o parceiro comentasse: "Olha que homem gostoso!" Ou: "Repare a pica daquele macho!" Ambos gostamos de apreciar os bons exemplares da espécie! Costumamos dizer que olhar não tira pedaço e o belo merece ser visto e admirado.

Por que então — se a gente tem desejos e fantasias com outros homens — não chegar às vias de fato? Não seria acumular frustrações e recalques evitar estas novas aventuras?

Do meu ponto de vista, quando você vive junto com alguém que ama muito, que é seu amigo e companheiro e que existem entre ambos forte tesão e realização sexual — a presença mesmo passageira de uma terceira pessoa altera profundamente a dinâmica desta relação e pode desestabilizar uma vida a dois que está dando certo, que é prazerosa e enriquecedora para ambos. Valeria a pena correr este risco? Trocar o permanente, o "eterno enquanto dure", por unzinho qualquer de beira de esquina?

Se se trata de uma transa passageira, uma mera aventura, uma foda rápida, distante do "ninho de amor doméstico", mesmo com todas as precauções e cuidados, há sempre o risco de a camisinha furar ou do contágio de outras doenças sexualmente transmissíveis — da herpes, da hepatite B ao chato, alguns destes males ainda praticamente inevitáveis e incontroláveis.

Aí eu me pergunto: será que vale a pena a gente trazer para dentro de nossos dois corpos bactérias, fungos, vírus que podem causar dor, desconforto ou até a morte da pessoa amada? Eu ficaria puto da vida e inconsolável se meu companheiro me passasse alguma DST — pois quem pega gonorréia ou sífilis pode ter pego HIV. E eu, que consegui chegar à minha idade soronegativo, me privando de muitas aventuras promissoras, exatamente para sobreviver em boa saúde, não sei se teria o sentimento cristão de perdoar meu amado-amante por ter quebrado nossa jura de fidelidade, e pior, ter trazido um vírus desgraçado para dentro de meu corpo.

Assim sendo, prefiro não arriscar. E embora com o avançar da idade, verdade seja dita, as tentações se tornem cada vez menos imperiosas, o certo é que nos dois meses que passei sozinho em Paris, no final de 98, por duas vezes pude renovar meu pacto de amor total para meu bem-amado: num sábado à noite tive forte tentação de ir a uma sauna — lugar que não visito há mais de uma década! Cheguei a telefonar para uma das mais badaladas saunas gays da Cidade Luz para saber horário e preço. Ficava aberta do meio-dia às 6 da manhã, 100 francos (uns 20 reais). Aí fiquei imaginando só coisa negativa: alguém me havia dito que — pasmem! — rara é a sauna em Paris que fornece sandália. Eu, Marie Louise, botar meus pezinhos no chão úmido! Jamais! (Leia-se jamé, em francês, *bien sur!*). Depois pensei que com 100 francos eu podia comprar uma linda chaleira dos anos 50 para minha coleção. Então desisti de ir à sauna: bati uma deliciosa punheta na minha cama, com a mão cheia de creme Nívea. E dormi tranqüilo, feliz da vida.

A segunda maior tentação foi na última noite que passei em Paris: caminhando distraidamente pela Rue des Rosiers, no quarteirão judeu, de repente um homem simpático, com seus 40 anos, olhou-me fixamente, olhos nos olhos. Começamos a conversar olhando a vitrine de uma loja judaica. Convidou-me a bater papo numa simpática casa de chá. Contamos nossas histórias por quase três horas seguidas — duas almas gêmeas! Ele de Áries, eu de Touro, exatamente a mesma combinação de signos de meu atual casamento e das principais ligações que tive em minha vida.

Léon Serge foi a pessoa que mais me despertou bons sentimentos nos quase cem dias que vivi em Paris — encontro de noite derradeira. Se tivéssemos nos cruzado semanas antes, certamente teríamos estreitado os laços. Mas o destino assim não quis: naquela minha noite de despedida da adorável Paris, só nossas almas se uniram. Não houve nenhuma aproximação erótica — embora se eu quisesse certamente ele teria gostado de transar, pois seu olhar era muito intenso e sedutor. Preferi não transar e guardar toda minha porra para no dia seguinte, a 10 mil quilômetros de distância, dar minha essência para meu bem-amado Marcelinho.

Léon Serge ficou no meu coração como uma gostosa lembrança — um terno *souvenir* de Paris. Massageou meu ego, reforçou minha crença de que existem almas gêmeas — e até agora, nestes últimos 17 anos de minha vida, não encontrei homem algum que me desse tanta sensação de plenitude como amante, companheiro e amigo, como meu querido Marcelo, com quem sinto prazer de compartilhar minha vida e meu corpo com fiel exclusividade.

Se amar assim, se guardar-se todo para a pessoa amada, se curtir a fidelidade do bem-amado é caretice — não me envergonho de assumir tal condição. Só lembraria que mesmo naquelas sociedades em que a poligamia é permitida, a maior parte dos seres humanos também preferem viver em uniões monogâmicas. Gosto não se discute: há os que preferem quantidade e superficialidade, outros, qualidade e profundidade. "Cada qual no seu cada qual", como diz o povo na Bahia...

[A graça de ser homossexual]

Quando vivi em Paris, entre 1969 e 1972, aqui não tinha grupo gay, não havia publicações homossexuais e os únicos espaços de socialização desta comunidade eram algumas poucas boates e saunas. Com 23 anos, homossexual egodistônico e entupido de homofobia internalizada, era apenas mais um praticante do homoerotismo, inseguro, desinformado, com medo do futuro.

Tive então uma chance fantástica de construir um futuro homossexual, mas não tive condições psicológicas de assumir tal decisão, perdendo talvez uma das mais ricas experiências que o destino me ofereceu: conheci na época, acho que na discoteca Nuages, perto de Saint-Germain-de-Prés, um negro americano, Sundiata, e ficamos perdidamente apaixonados um pelo outro. Vivemos uma semana de fodas homéricas e perfeita identificação mental. Só que ele estava com viagem marcada para a África, na semana seguinte, a fim de completar sua pesquisa de doutorado. Propôs-me um projeto de vida: irmos viver os dois juntos, "casados", num país africano de língua francesa.

Não estava absolutamente amadurecida na minha cabeça a idéia de ser 100% homossexual. Viver junto com outro homem também me parecia uma utopia. Na época eu ainda me iludia com a fantasia de que eu era portador de uma "tendência" homossexual, sem contudo jamais admitir que eu era mesmo homossexual.

Temia tanto assumir minha homossexualidade que ao voltar para o Brasil, apesar de ter vivido em Paris, durante dois anos, maravilhosas experiências afetivas e sexuais com homens de diversas nacionalidades — de grego a tailandês, passando por um caso melodramático com um diplomata mexicano e namoro com um abastado romancista francês quase vinte primaveras mais velho que eu — o certo é que quatro meses após o retorno à pátria, noivei e casei-me com uma antiga namorada. No fundo, eu tentava sepultar, com uma certidão de matrimônio, meu passado gay e o temor de que aquela "tendência" se tornasse crônica. Em meu imaginário, todo homossexual estava condenado a terminar seus dias sozinho, abandonado e pobre num quarto de pensão de quinta categoria. Claro que eu não iria arriscar minha juventude em troca de um futuro tão desgraçado.

Casado, resolvi honestamente mudar de vida. Após alguns meses de heróica resistência às tentações da carne, olhando para o chão toda vez que algum belo rapaz me encarava, voltei ao homoerotismo clandestino, e passados cinco anos vivendo oficialmente como heterossexual, duas filhas e um lar igual ao dos demais casais heterossexuais, encontrei um jovem gay tão tranqüilo e seguro de seu homoerotismo, que fez desmoronar minha vidinha de esposo e pai de família.

Desfecho da história: crise profunda no casamento, divórcio, dolorosa separação das filhas, graves problemas familiares ao me assumir perante meus pais e irmãos, começo de uma nova vida, agora como gay assumido.

Quando finalmente, aos 31 anos, em 1977, resolvi ser senhor de meu presente e futuro, tive várias opções de como construir minha nova existência: uma colega universitária sugeriu-me que não me separasse, mas continuasse a manter secretamente a mesma vida dupla. Quando revelei a um meu colega, antropólogo gay assumido, minha decisão em desquitar-me, seu comentário quase me nocauteou: "Que loucura!", foi o que ele me disse.

Apesar de toda pressão dos parentes para que eu mantivesse o casamento e minha família nuclear, apesar do medo de enfrentar um futuro desconhecido, sem modelos que pudesse copiar na construção de nova vida como "casal gay", tive coragem suficiente para dar este passo vital que mudou completamente não só o rumo mas a própria estrutura de minha existência: tornei-me um gay assumido. Nos anos 70, pouquíssimos eram os homossexuais assumidos, e a "pederastia" continuava sendo caso de cadeia, tanto que a Polícia Federal abriu inquérito contra os editores do jornal *O Lampião*, sob acusação de atentado à moral e aos bons costumes.

Gosto de comparar este momento de minha biografia com aquela parábola da mulher pobrezinha que achou uma moeda de ouro e tão feliz ficou com o achado que reuniu suas vizinhas — como a Dona Baratinha na janela — para comemorar sua felicidade. Assim aconteceu comigo: de gay enrustido, tornei-me o homossexual mais assumido e mais "televisivo" do Brasil. Desde então, jamais desperdiço uma oportunidade para contar a todos a felicidade que encontrei ao assumir minha essência existencial — tendência que ficou sufocada e oprimida até meus 31 anos.

Falo da homossexualidade o tempo todo, com todo mundo, em conversa informal num salão de festas, na televisão, em artigos e livros, em palestras e sala de aula. A homossexualidade tornou-se minha moeda de ouro! E como Genet, que disse que para ele a homossexualidade foi uma bênção, repito sempre que para mim, assumir-me gay foi uma graça, graça que me tornou mais gracioso... e que tem feito tanto bem a tantas pessoas, que, como eu e por meu exemplo, escritos e aconselhamento, também se assumiram, saindo das trevas para a luz.

Afinal, que graça maior poderíamos merecer do que pertencer à mesma estirpe de Miguel Ângelo, Shakespeare, Cervantes, Tchaikovski, Nureiev e tantos outros, até, quem sabe?, do próprio Cristo e de João Evangelista, "o discípulo que Jesus amava"...

[Infiel no amor, fiel na camisinha]

Este foi o *slogan* escolhido pelo serviço de prevenção da Aids da Suíça, divulgado em *outdoors* por toda Genebra, no verão de 1997, durante a 12ª Conferência Internacional de Aids, mostrando o corpo ultra-sexy de um homem tirando o calção, com seu "volume" já meio pururuca — como se estivesse pronto para começar uma transa.

Esta frase, "infiel no amor, fiel na camisinha", lembrou-me daquele ditado popular — "o que os olhos não vêem o coração não sente" —, cuja mensagem é exatamente oposta ao dos *outdoors*. Se psicologicamente este nosso provérbio pode funcionar e evitar problemas na manutenção de uma relação estável supostamente exclusiva e monogâmica — e funciona mesmo em muitos casos, pois fodas eventuais e paixonites passageiras mantidas clandestinas não chegam necessariamente, em muitos casos, a abalar amores e relações profundas —, no caso das DST e Aids, o sigilo é insuficiente para evitar que aventuras extraconjugais venham a causar tragédias que podem levar até à morte, seja da relação, seja dos próprios amantes. Sem falar em crimes passionais.

Se o cara transou sem camisinha com alguém de fora e não contou nada para seu parceiro fixo — três dias depois pode ser desmascarado de forma explosiva: um corrimento no pênis revela que pegou uma gonorréia. Uma semana depois os chatos começam a chatear. Se antes de aparecer o sintoma transou sem camisinha com seu caso fixo, a coisa complica: pode ter passado a blenorragia (e os chatos piolhos pubianos) para seu parceiro. Sífilis, herpes, condiloma, hepatites e HIV são algumas das DST possíveis de serem trazidas para a cama conjugal por quem pulou a cerca. Mesmo usando a camisinha, herpes, hepatites e chato são incontroláveis.

Os leitores mais moderninhos dirão: esse papo de fidelidade e monogamia é caretice burguesa, ranço heterossexista. Luiz Mott está virando gagá. O ideal é seguir a sugestão da música de Gilberto Gil: "Ame-o e deixe-o livre para amar."

Acontece que milhões de gays e lésbicas, sem falar nos heterossexuais, optam livremente por esse estilo relacional: gostam tanto sexualmente um do outro que não querem repartir o parceiro com ninguém. Curtem-se tanto reciprocamente, estabelecem uma vida em comum tão complementar e harmoniosa, que uma transa fora pode desequilibrar o ritmo sexual e emocional do casal. Ou ainda, para casais soronegativos que transam entre si sem camisinha, tais pessoas gostam tanto de si próprias, que não querem correr o risco de contrair doenças complicadas ou ainda incuráveis no caso de a camisinha do parceiro vir a furar ou de o sexo oral vir a ser fonte de contaminação contraída fora do lar. Portanto, neste último caso, não se trata apenas de possessividade do outro, mas de auto-estima de quem não quer correr risco algum de ser contaminado por DST, muito menos pela pessoa que mais ama no mundo.

Os mais aventureiros, boêmios, galinhas, ricardões, caçadores, fodinchões, messalinas, garanhões — ou que nome venham a ter — dirão: monogamia = monotonia!

Aí é que muita gente se engana: novamente repito — milhões de seres humanos, gays, lésbicas, heterossexuais, etc., confirmam que é perfeitamente possível e freqüente que duas pessoas mantenham vida erótica exclusiva, ultragostosa e satisfatória durante anos e até décadas seguidas, sem grande esforço para resistir às tentações das serpentes do paraíso ou ter de recorrer a transas anônimas em saunas, *dark-rooms*, michês etc.

Ao constatar que a fidelidade amorosa-sexual é possível e freqüente, estou apenas levantando a questão de que tais condutas não são necessariamente sinônimos de caretice, castração, coisa *depassée*. Trata-se apenas de um dos modelos possíveis de relacionamento amoroso-sexual que tem funcionado bem e é causa de felicidade para muita gente pelo mundo afora, enquanto para outros pode representar uma insuportável camisa-de-força. "Cada macaco no seu galho", como sabiamente diz o ditado popular.

Portanto, voltando ao *outdoor* suíço: a mensagem "infiel no amor, fiel na camisinha" está sugerindo que em tempos de Aids o fundamental é a fidelidade à prevenção e não a exclusividade amorosa. Mesmo levando em conta que a camisinha pode furar, ela ainda é a barreira física mais eficaz contra a infecção pelo HIV. Fidelidade total, portanto, ao preservativo, não só no caso de aventuras extraconjugais, como em qualquer relação sexual.

[Fantasias de um gay casado]

Há quase duas décadas vivo com o mesmo homem e, quando menos nos últimos 10 anos, só transei com mais dois rapazes além de meu companheiro fixo. Confesso que o medo da Aids é o primeiro fator que tem me levado a ser tão fiel durante tanto tempo — pois mesmo existindo camisinha e a alternativa do "sexo seguro", prefiro não arriscar nem 0,0001% com uma aventura extra — e continuar assim completamente tranqüilo em manter uma relação exclusiva e única com meu homem.

Claro que tanto quanto eu, também ele optou por transar apenas comigo — ambos, evidentemente, confiando plenamente que o outro manterá o compromisso de falar honestamente no caso de vir a quebrar este pacto, o que espero que realmente não ocorra! Ou se ocorrer, tenha sido sexo seguro e a camisinha tenha cumprido seu papel protetor.

Outro motivo que explica tanto tempo de fidelidade corporal a uma única paixão é que infidelidade mental não oferece o menor risco de contaminação por doença alguma, e já que temos esta fantástica possibilidade de "viajar", de dar asas à imaginação, por que não "surfar" neste reino encantado da imaginação erótica?! Não quero ser modelo nem exemplo para ninguém, tão-somente partilhar estes meus devaneios — que me dão imenso prazer sexual, não oferecem risco algum de contaminação e ajudam a manter minha relação com meu companheiro sempre animada e totalmente satisfatória.

Para muita gente que tem um caso ou está namorando, viajar representa a grande oportunidade de pintar novas aventuras — e realizar fantasias que só a distância espacial permite concretizar. Viajo muito — uma ou duas vezes por mês, viagens curtas, e quando viajo, não transo com ninguém, não freqüento bares gays nem saunas, não faço pegação nas ruas, enfim, mantenho-me fiel ao meu querido amor, Marcelo.

Não é muito difícil manter-me exclusivo pois como não gosto de ambientes noturnos, não sinto tentação de ir a estes "inferninhos" (como eram chamados os bares gays na minha adolescência, na década de 60 — do século XX, é claro!, embora as mais tiranas dirão que sou do século XIX...). Para aliviar a tensão nestas viagens, de noite, ao voltar para meu hotel, às vezes me masturbo. Sempre tive certo fetiche por hotel, e o simples fato de estar num quarto de hotel já é suficiente para me excitar. Parece que a Padilha me ataca e fico logo com vontade de gozar. Pode também ocorrer o contrário: às vezes fico tão envolvido e cansado com as atividades do dia, que passo dias seguidos sem me excitar e preciso estimular muito a imaginação e manipular bastante o pênis para chegar à ereção e ao orgasmo. Diferentemente de Marcelo, que adora revistas e vídeos homoeróticos, tais imagens me excitam pouco, sobretudo pelo fato de ter de colocar os óculos para melhor perceber os detalhes das figuras...

Quando estou no quarto de um hotel, geralmente minhas punhetas começam assim: me deito nu na cama, se possível em frente ao maior espelho que existir no quarto, e passo bastante creme em meu pênis. Aí então dou asas à imaginação...

Muitas vezes a fantasia que primeiro me ocorria era uma cena que há muito tempo Marcelo me contou, de quando ele tinha

[Fantasias de um gay casado] **[149]**

16 anos e foi com um turista alemão para um hotel em Salvador. Infelizmente o que ele me contou foi apenas isto, mas talvez exatamente por não conhecer todos os detalhes daquela transa, fico extremamente excitado com esta simples história, de meu homem então rapazinho ter ido para um hotel com um turista desconhecido. Tal imagem me excita tanto, que quase inevitavelmente, toda vez que me masturbo, devaneio em cima deste encontro, cada vez imaginando detalhes que me excitam mais, como o tipo físico do alemão, sua agressividade e ousadia. Imagino que tenha uma pica enorme e grossa, que logo vai agarrando aquele adolescente e metendo o cacete na boca dele e depois metendo tudo de vez, gozando quantidade enorme de gala dentro do cu de meu adorado amor. Outras vezes imagino o contrário, o Marcelinho vidrado na pica do alemão, seduzindo-o, e ao chegar no quarto do hotel, vai logo chupando-o todo e se entregando voluptuosamente.

Recado aos psicanalistas de plantão: nunca me preocupei em interpretar esta fixação, nem me interessa conhecer seu significado, mas não deixa de ser curioso que tal imagem retorne com tanta insistência em meu inconsciente. O certo é que me dá um prazer enorme me masturbar em cama de hotel — e nem me importo que eventualmente caia um pouco de esperma no lençol, pois também gosto da idéia sacana de que a camareira ou quem for arrumar a cama vai igualmente ficar imaginando como será que gozou o hóspede que dormiu naquela cama na noite anterior?!

Outro fetiche que me acompanha é em relação a cuecas e *slips* — e num dos últimos hotéis em que me hospedei — por acaso em Washington, num destes motéis norte-americanos dentro da cidade, tive oportunidade de realizar mais uma destas fantasias do tipo "*safe sex*".

Foi assim: no corredor de meu quarto tinha uma lavanderia "*self service*", e algum hóspede abandonou uma cuequinha tipo biquíni esquecida dentro da máquina de lavar roupa. Prontamente trouxe o biquíni para o quarto, tranquei bem a porta, aí comecei minha sessão de sacanagem. Eu e o imaginário dono da cueca. Cheirei bem a cueca (estava limpinha, cheirando a sabão em pó — pena, pois teria gostado mais se cheirasse um pouco o corpo de seu proprietário!). Vesti a cueca defronte do espelho, logo ficando de pau duro, me olhei bastante no espelho, bem Narciso, imaginando como se fosse a pica do dono da cueca que estivesse lá dentro, fiquei só me olhando, daí me deitei, lubrifiquei bastante minha rola com creme, cheirei minha cueca usada como que sentindo o cheiro delicioso daquele macho. Aí liguei a televisão e fiquei olhando aqueles enormes jogadores de *baseball*, cada negro tamanho gigante, e eu só imaginando que estava sendo agarrado por um deles, me possuindo com sua pica enorme da grossura e do tamanho do bastão de *baseball*... Ora imaginava o contrário: eu deitado em cima do bundão daqueles brutamontes, metendo meu caralho de vez naquelas bundas musculosas... Gozei urrando de prazer, pouco importando que o hóspede do apartamento do lado ouvisse meu prazer.

Moral da história: ser infiel na fantasia sexual, tornar-se uma doida insaciável ou um garanhão come-tudo, sozinho, dentro de um quarto de hotel, não custa dinheiro algum, não oferece risco de contrair doença alguma ou de sofrer agressão por parte de qualquer bofe ou bofoneca mais violenta. Pra mim funciona, gozo gostoso e durmo bem a noite toda.

No outro dia, quando viajo de volta pra casa, transo tranqüilo — e cheio de fogo — como meu amado parceiro. Se também Marcelo faz estas viagens eróticas, ele nunca me conta — talvez seja este o lado sacana que faz estas fantasias ainda mais excitantes: mantê-las em segredo. Pra mim, que curto meu lado exibicionista, só em contar pra você que está lendo agora, já me deixou de pau duro. Marcelo, aqui do meu lado, é testemunha de que estou falando a verdade!

[IV]

[Celebridades]

[Celebridades]

[Era zumbi homossexual?]

Digo e repito: raramente foi Luiz Mott quem levantou a lebre de que personagens históricos ou celebridades nacionais eram praticantes do amor que não ousava dizer o nome. Como leio muito, pesquiso sem parar e arquivo tudo o que encontro sobre homossexualidade, ao divulgar que Cássia Eller também gostava do babado, que Mazzaropi era gay, que Collor idem — estou simplesmente repetindo o que outros autores já publicaram em livros, revistas ou jornais ou faz parte de nossa história oral. Ontem mesmo tive uma enorme surpresa ao ler num jornal que um historiador mineiro declarou que o Tiradentes também "jogava água fora da bacia" — embora ainda não tenha conhecimento de seus argumentos. Quem tiver alguma pista, me avise!

Com Zumbi a coisa foi assim: um famoso historiador gaúcho, autor de não menos célebre livro sobre o Quilombo de Palmares, declarou a outro historiador, especialista em escravismo colonial, que só não escrevia que Zumbi era gay porque tinha medo da reação do Movimento Negro.

Fiquei com a pulga atrás da orelha, pois nunca tinha imaginado que o herói negro pertencesse ao batalhão dos amantes do mesmo sexo. Comecei a pesquisar as biografias de Zumbi e acumulei cinco pistas que sugerem maior identificação de Zumbi como homossexual do que como heterossexual. Portanto, à indagação Era Zumbi Homossexual?, a resposta é: provavelmente sim! Zumbi dos Palmares deve ter praticado "o amor que não ousava dizer o nome".

Dispomos até agora de cinco pistas que sugerem sua homossexualidade, enquanto não há nenhuma prova definitiva de que o líder quilombola era heterossexual. Desafio qualquer historiador a comprovar, com documentos da época, que o maior herói negro das Américas teve alguma mulher ou filhos. Não passa de mera presunção e miopia sexológica imaginar que o simples fato de ter sido guerreiro valente serviria como prova de que sendo do sexo forte, gostava do sexo frágil. Ledo engano: o maior general da Antigüidade, Alexandre Magno, também foi grande em seu amor pelos rapazes. O famoso "Batalhão dos Amantes de Tebas", todo ele formado de pederastas, destacou-se por sua inigualável valentia. Frederico o Grande da Prússia e Lawrence da Arábia, entre muitos outros, são exemplos mais recentes de que muitos homossexuais foram notáveis guerreiros. Portanto, não há qualquer incompatibilidade entre Zumbi ter sido guerreiro retado e amante do mesmo sexo.

Insisto: não havendo nenhuma prova da heterossexualidade de Zumbi, apresento aqui quando menos cinco pistas que sugerem que provavelmente Zumbi dos Palmares era "*chibungo*" (termo de origem angolana, corrente na Bahia atual, sinônimo de homossexual masculino). Tais indícios juntos valem mais do que documento nenhum sobre sua improvável heterossexualidade.

Primeira pista: não há evidência alguma comprobatória que Zumbi teve mulher ou filhos. Para um grande chefe guerreiro, a poligamia era privilégio indispensável. Ganga Zumba, tio putativo de Zumbi, teve três mulheres, sendo duas negras e uma mulata. Por que Zumbi abriria mão deste cobiçado prêmio, considerando que, devido à carência de mulheres, os quilombolas da Serra da Barriga tinham de contentar-se com uma mulher para vários homens? Como informa o historiador negro Joel Rufino, "os brasileiros sempre acreditaram que os negros famosos e ricos devem se casar com brancas", tanto que autores mais românticos inventaram uma mulher branca para o líder dos Palmares. "Legenda romântica. ." conclui o mesmo autor.

Segunda pista: Zumbi era conhecido por um intrigante apelido: "Sueca". Esta informação é confirmada por Clóvis Moura, outro respeitado historiador negro. Segundo o dicionarista Antônio Morais, que viveu em Pernambuco no século seguinte à epopéia palmarina, "sueca" já naquela época tinha o mesmo significado de hoje: "mulher natural da Suécia" Por que um negão, valoroso guerreiro, seria chamado por nome feminino? Debaixo deste angu tem carne! Nesta mesma época encontramos alguns homossexuais denunciados à Inquisição portuguesa que também eram chamados por apelidos femininos: "A Galega", "A Bugia da Alemanha", inclusive um sodomita negro do Benin que apesar do nome batismal de Antônio, jogava pedra em quem não o chamasse de "Vitória" "Sueca" é apelido mais adequado para um hetero ou homossexual?

Terceira pista: Zumbi, que ficou coxo num acidente de batalha, descendia dos Jagas de Angola, etnia em que a homossexualidade tinha numerosos adeptos, os famosos *"quimbandas"*, conforme atestam contemporâneos da Guerra dos Palmares, entre eles o Padre Cavazzi e o Capitão Cadornega. Se até em sociedades repressivas e anti-homossexuais o homoerotismo tem batalhões de adeptos, nada mais lógico que também no Quilombo de Palmares, onde havia grande falta de mulheres, os *"quimbandas"* fossem aceitos com naturalidade, como ocorre em muitas comunidades onde há desequilíbrio dos sexos, e que Zumbi também fosse amante de um deles.

Quarta pista: Zumbi, descrito como possuidor de "temperamento suave e habilidades artísticas", antes de fugir para o mocambo, até os 15 anos, foi criado pelo vigário de Porto Calvo, Padre Melo, referido como "afeiçoado a seu negrinho". Ora: nos tempos inquisitoriais a homossexualidade era chamada, com razão, de "vício dos clérigos", tantos eram os padres envolvidos com as práticas homossexuais. Um terço dos condenados pela Inquisição pelo pecado de sodomia eram padres. Muitos destes tendo como cúmplices exatamente seus escravos, crias da casa. Os retornos de Zumbi à casa de "seu" padre, depois de tornado quilombola, revelam uma relação profunda que superou as diferenças de raça, classe e idade. "Diz-me com quem andas, que direi quem és...", diz o ditado popular.

Quinta pista: dizem os estudiosos que Zumbi, ao ser preso e executado, a 20 de novembro de 1695, foi degolado "sendo castrado e o pênis enfiado dentro da boca". Macabra coincidência: o Grupo Gay da Bahia dispõe de um volumoso dossiê de assassinato de homossexuais brasileiros, onde constam cinco gays, dois em Alagoas, a mesma região onde castraram Zumbi, que foram encontrados mortos exatamente como o chefe quilombola: com o pênis dentro da boca. Uma forma antiga e simbólica de humilhar os "falsos ao corpo" que, por não terem usado adequadamente seu falo, tornaram-se merecedores de engoli-lo na hora da morte.

Enquanto não se provar o contrário, com o exigido rigor documental, estas cinco pistas permitem-nos afirmar que o grande Zumbi dos Palmares provavelmente era amante do mesmo sexo.

Longe de desmerecer a valentia do maior líder negro do Novo Mundo, tais pistas aumentam-lhe a glória, pois ainda hoje só cabras muito machos têm a coragem de assumir o amor por outro homem. Baseado nestes fortes indícios, o Movimento Homossexual Brasileiro participou orgulhoso e solidário, ao lado de todos os negros, mestiços e brancos anti-racistas, das comemorações do terceiro centenário da morte de Zumbi (1995), herói negro e provavelmente, depois de Alexandre Magno, o homossexual mais valente de toda História universal.

Post Scriptum: Por causa deste artigo, publicado em diversos jornais na época daquelas celebrações, os muros de minha casa foram pichados e os vidros de meu carro quebrados por alguém que considerou um ultraje um herói negro ser amante do mesmo sexo. Vários líderes negros me condenaram por estar "denegrindo" (*sic*) a imagem do líder quilombola, outros chegaram a dizer que homossexualismo era coisa de branco e que não existiam gays e lésbicas na África.

Felizmente fui apoiado por grande número de intelectuais e políticos, negros inclusive, que consideraram politicamente incorreta a reação machista e preconceituosa destes negros opondo-se à possibilidade de Zumbi ter sido gay e absolutamente condenável a violência cometida contra mim. Estas reações negativas comprovam o acerto da pesquisa da Data-Folha divulgado no primeiro capítulo deste livro: os negros e afro-descendentes são mais conservadores sexualmente do que o resto dos brasileiros. Conservadorismo ao menos na teoria — e na falação — pois na prática, tenho minhas dúvidas, pois a quantidade e soltura dos gays, lésbicas, travestis e bissexuais negros contradiz a sexofobia e homofobia manifestadas no tricentenário da morte de Zumbi.

[Luís Eduardo Magalhães, o amigo dos gays]

Diz o povo que não há defunto que não seja pranteado e elogiado. Pranteio Luís Eduardo Magalhães porque, em vida, sempre o elogiei, tanto que dois dias antes de seu desconcertante passamento, a revista *Veja* publicou sua foto com minha declaração: "Luís Eduardo sempre apoiou as causas do Movimento Homossexual Brasileiro", daí ter sido o primeiro colocado em 1997 a receber o troféu Triângulo Rosa — com o qual há uma década o Grupo Gay da Bahia homenageia os amigos dos homossexuais.

Recebeu este diploma exatamente por sua defesa corajosa, no Congresso Nacional, do projeto de lei de parceria civil registrada. Minha admiração pelo filho de ACM é portanto pública e acrescento, de longa data, pois já no começo da década de 80, quando Luís Eduardo era presidente da Assembléia Legislativa da Bahia, teve a coragem de aprovar uma moção pela retirada do homossexualismo da classificação internacional de doenças então adotada pelo Conselho Federal de Medicina, gesto pioneiro e ousado que abriu caminho, logo em seguida, para a declaração do Grupo Gay da Bahia como entidade de utilidade pública municipal — a primeira instituição de defesa dos direitos humanos dos homossexuais a receber tal reconhecimento em todo o país.

Em 1988, por ocasião da Constituinte, quando o Movimento Homossexual Brasileiro lutava para incluir na Carta Magna a proibição de discriminação por "orientação sexual", coerente com suas convicções, novamente Luís Eduardo demonstrou estar afinado com a modernidade dos direitos humanos, votando a favor de nossa proposta, infelizmente derrotada pelo preconceito anti-homossexual da maior parte dos deputados constituintes.

Este repetido apoio de Luís Eduardo aos direitos humanos da mais discriminada categoria social de nosso país conquistou definitivamente o coração e a admiração dos militantes desta causa. Nós, homossexuais, costumamos classificar os humanos em quatro categorias: G.L.S.I. — Gays, Lésbicas, Simpatizantes e Inimigos. Luís Eduardo era definitivamente um "S" — Simpatizante da igualdade dos direitos e cidadania dos gays e lésbicas.

Embora situando-nos em campos políticos radicalmente opostos, mais de uma vez declarei publicamente que esta simpatia reiterada de Luís Eduardo para com os homossexuais certamente vinha do berço, pois ACM, quando governador da Bahia, sempre escolheu homossexuais para ocupar importantes cargos públicos, sobretudo na área cultural, partindo do salutar princípio de que competência e honestidade independem da orientação sexual dos indivíduos, e que o defeito não é a homossexualidade, mas sim a homofobia, o preconceito anti-homossexual, a incompetência.

Costumo também repetir uma expressão talvez politicamente pouco correta, mas verdadeira, que em nosso país, é preciso ser muito macho para se assumir gay. Vou mais adiante: a homofobia entre nós é tão maligna, que é preciso também ser muito macho até para apoiar os homossexuais, pois amiúde os intolerantes e preconceituosos põem em dúvida a própria sexualidade dos "simpatizantes". Jogo baixo do machismo!

[Luís Eduardo Magalhães, o amigo dos gays]

Poucos meses antes de morrer, Luís Eduardo deu mais duas provas de sua coragem e integridade como defensor das minorias sexuais: na qualidade de presidente da Câmara dos Deputados, declarou que votaria a favor do projeto da deputada Marta Suplicy, que regulamenta a parceria civil registrada entre pessoas do mesmo sexo.

Este polêmico projeto tem sido alvo da ira dos setores mais machistas e retrógrados de nossas elites, tanto que o então cardeal da Bahia, D. Lucas Neves, segundo noticiou a mídia, teria dado um puxão de orelha no filho de ACM, pelo seu apoio declarado a este projeto. O pito foi em vão, pois passados alguns meses, novamente Luís Eduardo enfrenta o truculento líder do PFL, Inocêncio de Oliveira, que, assumindo-se pernambucano machista, criticava, com ironia, o apoio do deputado baiano à cidadania plena dos homossexuais. O parlamentar baiano não titubeou: impediu manobra que tentava arquivar o projeto.

Infelizmente, Luís Eduardo morre sem ver aprovado o projeto que repetidamente defendeu. Que seu exemplo de solidariedade humana sirva de lição para todos os brasileiros, em especial a nossos políticos mais machistas: que é perfeitamente possível ser um homem de bem, exemplar esposo e pai de família, político respeitável, homem de confiança e porta-voz de um presidente da República e, ao mesmo tempo, ser defensor intransigente dos direitos humanos das minorias sexuais. Saudade eterna dos gays e lésbicas ao mais charmoso e importante simpatizante dos direitos homossexuais do Brasil. Descanse em paz, Luís Eduardo!

[A paixão lésbica da Imperatriz Leopoldina]

O Brasil detém duas importantes marcas da presença do lesbianismo em nossa História: em Ilhéus, na principal praça da cidade de *Gabriela cravo e canela*, há uma bela estátua de Safo de Lesbos, considerada a "matriarca" do lesbianismo. É uma escultura em mármore branco, tamanho natural, obra italiana ou francesa, de autor desconhecido, provavelmente esculpida no final do século XIX. Não se tem notícia de outra cidade no mundo que tenha em sua praça principal, estátua da "fundadora do lesbianismo".

A segunda marca da presença lésbica em nossa história remete-nos à figura de nossa Alteza Imperial, D. Maria Leopoldina Josefa Carolina (1797-1826), Arquiduquesa de Áustria, Imperatriz do Brasil, cujo bicentenário de seu nascimento ocorreu em 1997. Sua aparência física e seus hábitos masculinizados, as muitas cartas que trocou com a inglesa Maria Graham, sugerem enfaticamente que Leopoldina também "gostava do roçadinho"...

Não foi com a Imperatriz Leopoldina a primeira vez que o lesbianismo penetrou em palácios reais: a intrépida Rainha Cristina da Suécia (1626-1689) manteve comprometedora afeição e terna correspondência com sua dama de honra, Ebba

Sparre, e um clamoroso romance com uma freira romana, quando de seu exílio na Itália.

A própria Maria Antonieta, a infeliz mulher do rei Luís XVI, teve romances glamourosos com duas favoritas: Madame de Lamballe e Mademoiselle Jules de Polignac, conforme relatam seus biógrafos mais fidedignos. Das lésbicas reais, a menos afortunada foi Catarina Howard, uma das esposas de Henrique VIII, decapitada sob a acusação de trocar o amor do rei pelo carinho de outras mulheres.

A nossa Imperatriz Leopoldina — hoje nome de estação de trem, escola de samba e de cidade mineira — era uma princesinha feia. Segundo seus biógrafos, nada tinha de bonita, sequer de agradável. Era a antítese do ideal que o fogoso Príncipe D. Pedro I acariciava. Em vez de uma mulher-fêmea, lhe impingiram uma universitária por esposa. Em vez de costureiros e professores de dança, a Habsburgo trouxe da Áustria duas missões de naturalistas. Melhor para o Brasil, pois herdamos maravilhosas descobertas e registros iconográficos feitos por esta equipe de pesquisadores.

Eis como seu principal biógrafo, Pedro Calmon, a descreve: "Baixa, fornida de carnes, pele leitosa, faces rebentando de sangue, os cabelos de um loiro queimado, o nariz pequeno, os olhos severos, a boca diminuta e carnuda, as mãos papudas, numa inquietação viril a dialogar com seus naturalistas. Ao desembarcar no porto do Rio de Janeiro, assustou o noivo!"

De espírito varonil, era inclinada às Ciências Exatas. Usava curiosas vestes meio masculinas, abusava das bebidas alcoólicas. De longe parecia um homem, enganchada no ginete, ostentando uma virilidade grotesca. Amava a equitação, a caça, os exercícios desportivos, preferências pouco adequadas à fragilidade do seu sexo de princesinha criada aos sons dos minuetos de seus conterrâneos Mozart e Haydn.

Tudo leva a crer que Maria Graham foi a principal paixão lésbica de Leopoldina, ou quando menos, a única até agora descoberta pelos historiadores: Maria era natural da Inglaterra, de família nobre, viúva de um explorador. Foi contratada como governanta da filha primogênita de Leopoldina, D. Maria da Glória. Sua permanência na Corte — no Palácio de S. Cristóvão, hoje Quinta da Boa Vista, não chegou a um mês, quando foi despedida pelo próprio Imperador — certamente enciumado com as intimidades entre estas duas européias. A inglesinha era 12 anos mais jovem que a imperatriz austríaca.

Nos 25 dias que dormiram sob o mesmo teto em palácio, estas duas senhoras mantiveram estreita amizade: "a princípio a Imperatriz chamava-me ao seu apartamento", conta a Governanta Maria Graham em seu diário, "aproveitando-se da sesta que D. Pedro tirava após ao almoço. A familiaridade com que a Imperatriz me tratava, excitava violentos ciúmes entre as damas da corte", daí ter preferido D. Leopoldina procurar sua amiga dileta em seu quarto, no andar superior. "Nossa conversinha sossegada durava até a Imperatriz ir-se preparar para o passeio da tarde com o Imperador..."

Tão idílica felicidade durou pouco: um emaranhado de intrigas das cortesãs da Quinta da Boa Vista levaram o ciumento marido imperial a praticamente expulsar a inglesinha de palácio. Maria teve de deixar a companhia de Leopoldina, a toque de caixa, não antes de as duas amigas ainda privarem de alguns momentos de intimidade: "Chorando", conta Maria Graham, "a Imperatriz usou suas pequenas e brancas mãos para embrulhar meus livros e roupas, ocupando-se de tudo o que podia. Foram muitas lágrimas derramadas dos dois lados na manhã da partida."

Nos primeiros dias após esta cruel separação, por ordem escrita de demissão assinada pelo Imperador, Leopoldina enviou quase diariamente cartas a sua amiga e confidente, sempre tratando-a com expressões as mais amatórias: "Minha querida amiga", "Queridíssima amiga", "Minha delicadíssima e única amiga". Ao se despedir, a amazona imperial novamente abre seu coração carente: "Vossa amiga afetuosa e dedicada", "Vossa muito afeiçoada amiga".

Revela amiúde o quanto fora-lhe importante conviver com a jovem viúva inglesa: "Eis que não passa um momento sem que eu não lamente, vivamente, ter-me privado de vossa companhia e amável conversação, meu único recreio e verdadeiro consolo nas horas de melancolia. Crede-me, minha delicada e digna amiga, que sinto vivamente o sacrifício que impus no meu coração, que sabe apreciar as doçuras da amizade, separando-me de vós... Penso mil vezes em vós e nos deliciosos momentos que passei em vossa amável companhia..."

Como terão sido estes momentos deliciosos e esta amável companhia? Puro amor platônico ou *frissons* e êxtases lesbianos?

Deixando o Brasil, Maria Graham alimentou esperanças na infeliz Imperatriz de que um dia ainda voltariam a ter aqueles deliciosos momentos que tanto marcaram suas vidas. Eis as palavras de Leopoldina: "Quantas vezes, com saudades, penso em nossas conversas diárias, persuadindo-me com a esperança de vos rever ainda na Europa, onde nenhuma pessoa do mundo será capaz de me forçar a deixar de vos ver diariamente e dizer, de viva voz, que sou, para toda a vida, vossa amiga afetuosa e dedicada..."

E completa suas fantasias amorosas: "A primeira coisa que farei ao chegar a Londres será certamente procurar-vos, onde quer que estiverdes e agradecer-vos pessoalmente todas as provas de amizade que houvestes por bem me fornecer. Só as expansões no coração de uma verdadeira amiga podem promover a felicidade: nossa maneira de pensar é a mesma e a nossa amizade constante para sempre!"

Oh! Que linda declaração de amor! Que maravilhosa afirmação de que apenas uma mulher pode entender e realizar profundamente outra mulher: "Só as expansões no coração de uma verdadeira amiga podem promover a felicidade!"

De sua parte, a inglesinha Maria Graham também não poupava palavras de amor para sua protetora, de quem dizia ser "a mais amável das mulheres". Em uma carta enviada de Londres, dizia: "Minha augusta e bem-amada amiga: a distância que me separa de V. Majestade não poderá jamais alterar a viva amizade que me inspirou vossa condescendente bondade e doçura. Ninguém no mundo pode amar, estimar e respeitar mais V. M. do que a amiga fiel e afetuosa e serva dedicada."

Amar, estimar e respeitar são sentimentos tão profundos, e quando elevados à condição máxima — "ninguém no mundo pode amar, estimar e respeitar mais Vossa Majestade!" — constituem a suprema declaração de amor de uma mulher por outra jamais registrada na história antiga do Brasil!

A figura de Maria Graham também sugere que se tratava de mulher forte, pouco convencional em matéria de gênero. Dizem seus contemporâneos que era extremamente sóbria, vestindo-se sem vaidades.

Diferentemente das mulheres de seu tempo, confessa em seu diário que nunca gostou de dançar nem de usar jóias. Corajosa, viveu por vários meses numa chácara isolada no morro das Laranjeiras, no arrabaldes do Rio de Janeiro, onde certa feita, empunhando uma machadinha, enfrentou um assaltante que tentava entrar pela janela de seu quarto. Mulher de cabelo na venta, essa viúva britânica! Em seu diário, em outubro de 1821, escrevia: "Não vi hoje uma só mulher toleravelmente bela pela cidade do Rio de Janeiro..."

Às vésperas da Independência, fez questão de se encontrar com a mulher-soldado, Maria Quitéria — o principal travesti mulher-homem de nossa história — que de tão masculinizada, havia se alistado no exército libertador, com o nome falso de Soldado Medeiros, sem que ninguém jamais desconfiasse que não era homem de verdade.

Em seu diário, Maria Graham anotou detalhe curioso — Maria Quitéria costumava fumar um charuto após a refeição — hábito tipicamente masculino e que devia chocar muito mais antigamente do que em nossos dias. Por coincidência do destino, três mulheres fortes vivendo na cidade maravilhosa na mesma época: Leopoldina, Quitéria e Maria Graham. Mulheres pouco convencionais em questão de afeto, vaidade e feminilidade.

[A paixão lésbica da Imperatriz Leopoldina] **[171]**

Poucos anos após a afetuosa convivência com a inglesinha Maria Graham e a troca destas cartas tão cheias de amor e paixão, morre a infeliz Leopoldina, sem ter realizado seu maior sonho: rever sua querida amiga. Se chegaram de fato a manter intimidades lésbicas, até agora a documentação é desconhecida. Porém "onde tem fumaça, tem fogo!"

[Um herói gay na guerra do Paraguai]

A publicação do *Diário íntimo* de José Vieira Couto de Magalhães (1837-1898) abre uma nova página na história da homossexualidade do Brasil, na medida em que o próprio autor fornece diversas pistas para concluirmos que se não praticou o "amor dos bugres", não resta dúvida que foi um homossexual latente, gay enrustido ou popularmente bicha mal resolvida.

Gente importante, personalidades históricas, heróis nacionais geralmente têm suas biografias despojadas de qualquer menção ou fato que pudessem embaçar o brilho de suas virtudes intelectuais ou patrióticas. Nossos luminares parecem-se com anjos — sem sexo e sem vida sexual. Várias biografias de Santos Dumont, por exemplo, omitem seu suicídio e sua provável homossexualidade.

A quase totalidade de nossos heróis são referidos como completamente assexuados ou considerados naturalmente heterossexuais — vide por exemplo a polêmica e a histeria causada pela suspeita de que também Zumbi jogava no nosso time. Poucos estudiosos quebraram o complô do silêncio ousando registrar as preferências homossexuais de Olavo Bilac, do Conde d'Eu, as cartas comprometedoras da Imperatriz Leopoldina. *Noblesse oblige!* Daí a omissão da orientação sexual e dos desejos eróticos de nossos notáveis, sobretudo daquelas condutas que até hoje são execradas pela hipocrisia da moral oficial. Cumpre-se assim o preceito do apóstolo Paulo na Epístola ao Efésios: "Que estas coisas não sejam sequer mencionadas entre vós!"

Destacado político, militar e escritor brasileiro do tempo do Império, Couto de Magalhães foge à regra dominante, pois malgrado ter ocupado importantes cargos na esfera pública, e se tornar nome de serra em Roraima e titular de um município mineiro no Alto Jequitinhonha, não quis esconder que foi pouco convencional em questões de moral sexual: solteirão convicto, reconheceu em seu testamento a paternidade de três filhos naturais. É autor de um romance picante, *As fantasias devassas do dr. Calmiru*, e, em seu *Diário*, refere-se várias vezes à amante inglesa Lily Grey, reconhece ser portador de sífilis e, sobretudo, deixou registrados diversos episódios e sonhos que revelam que nosso herói não era heterossexual exclusivo: como tantos outros mortais do mundo inteiro, tinha sonhos e desejos homoeróticos.

Sua vida foi uma coleção de sucessos: formado em Direito, presidente das províncias de Minas Gerais, Mato Grosso, Pará e S. Paulo, sócio do Instituto Histórico e Geográfico Brasileiro. Autor de uma dezena de livros de caráter histórico, destacando-se *O selvagem*, encomendado por D. Pedro II para figurar na Biblioteca Americana da Exposição Universal do Centenário da Independência Americana, na Filadélfia, livro traduzido em várias línguas.

Foi brigadeiro honorário do Exército por seu vitorioso comando na tomada de Corumbá. No fim da vida, tornou-se presidente do Clube dos Oficiais Honorários do Exército. Escritor fecundo, político influente, Couto de Magalhães foi igualmente bem-sucedido homem de negócios, diretor de banco, fundador de empresas de transporte fluvial e ferroviário.

Monarquista convicto, chefe do Partido Liberal de S. Paulo, opôs-se aos ideais republicanos, tendo sua prisão decretada por ordem de Floriano Peixoto por seu envolvimento na Revolta da Armada. Desde 1889 descobre-se portador de sífilis, sofrendo ataques nervosos e diversos sintomas desta enfermidade. Morreu no Rio de Janeiro em 1898.

Diário íntimo é um livro importante para a história da homossexualidade no Brasil pois numa dezena de passagens, Couto de Magalhães demonstra que um másculo cidadão e valoroso militar acima de qualquer suspeita, tal qual o vemos de corpo inteiro retratado por Almeida Júnior em quadro conservado no Museu Paulista, mantinha curiosidade, sensibilidade e devaneios que revelam insistente ligação com a homossexualidade.

Aos 3 de outubro de 1880 revela seu desgosto com suas principais experiências heterossexuais: "Tenho ultimamente discutido comigo mesmo se há ou não vantagem em ter a companhia de uma mulher. Há dois anos que conservo tal companhia (Lily) e realmente não tenho juízo formado. No Araguaia eu tinha essa companhia e uma vez só me não vieram saudades disso. A que tive no Pará igualmente me não deixa saudades; a que tive em Londres a mesma coisa. Para o meu gênio independente e pontual é um pesadelo, escravidão disfarçada que me tira grande parte do meu tempo e que me dá uma compensação pouco satisfatória."

Embora vivendo na Inglaterra numa época em que a homossexualidade era tratada como crime hediondo, na mesma Londres onde Oscar Wilde foi condenado à prisão com trabalhos forçados, Couto de Magalhães não resiste à tentação de deixar escrito o que era nefando, isto é, proibido de se falar. Sensível ao tema, registra em seu diário a 27 de setembro do mesmo ano que "47 indivíduos que estavam num baile de máscara em Manchester, sendo que 22 estavam vestidos de mulher, foram presos porque dançavam o cancã..." Uma festa de travestis inglesas!

Apesar do risco do homoerotismo, Couto de Magalhães revela sua atração unissexual: "Vi na ponte [próxima a Paddington Station] um jovem melancólico encostado a um poste de lampião que me excitou curiosidades..." Mais explícito se torna no relato de uma dezena de sonhos com forte presença do falo, referido em tupi-nheengatu como *sakanga* ou *rakanga* e traduzido como galho, onde diz textualmente: "eu quero fazer sexo com um mestiço, com um preto... eu quero fazer sexo com Timóteo, meu galho preto endurecido quer estar escondido no (seu) ânus... (eu) dava com meu galho na barriga de Herman da Silva, depois para fazer sexo em sua perna... dei a cabeça de meu galho preto, (ele) chupa bem... O Capitolino pegava dentro o galho preto e endurecido enquanto eu também pegava seu galho dentro e estava muito alegre. Então falei para ele: quero que amarres minha mão, ao que ele respondeu: está bem... Sonhei com Aarão, aquele meu escravo que vendi em Cuiabá, com o Luís e com um negro árabe que conheci em West India Road, ele estava deitado em umas grutas — estava na água enlouquecido e chupa bem, vem me dar o galho duro, grande preto!"

(Minha amiga historiadora, a Profa. Laura de Mello e Souza, da USP, depois de ler este artigo, comentou: "Tantos galhos que mais parece uma floresta!") Fico sempre em dúvida se os termos tupi *sakanga* ou *rakanga* não poderiam ter sido traduzidos, em vez de galho, por "pau", expressão hoje corrente para se referir ao órgão sexual masculino. A menos que incluamos no nosso vocabulário erótico essa nova versão, em vez de pau duro, ficaria doravante, "galho duro"...

Se Couto de Magalhães passou da intenção à ação homoerótica, não podemos saber. Seus escritos e sonhos identificam-no quando menos como homossexual latente. Se até Oscar Wilde, apesar de toda evidência, negou praticar este amor na época tratado como crime, seria demais esperar de um brigadeiro honorário do Exército Imperial assumir a prática de um amor criminoso. Para bons entendidos, contudo, bastam seus sonhos. Homenagem da comunidade gay tupiniquim a Couto de Magalhães no centenário de sua morte.

[Mário de Andrade e o amor que não ousava dizer o nome]

Só quando todos os documentos pessoais de Mário de Andrade forem totalmente abertos aos pesquisadores, e quando for abolida qualquer censura da família ou dos conservadores de seu espólio, é que, tudo leva a crer, será definitivamente confirmado o que desde quando era menino já se comentava, depois de adulto se reforçava e uma série de evidências pinçadas em suas obras, cartas avulsas e comentários de contemporâneos sugerem: que Mário de Andrade também praticava o homoerotismo. De propósito evitei rotulá-lo de "homossexual", pois tudo leva a crer que a homossexualidade era apenas uma de suas variáveis libidinosas, e que ele estava sendo honesto ao rotular-se adepto do "pansexualismo". Neste caso, seria mais adequado incluí-lo na categoria freudiana de "perverso-polimorfo" do que no "número 6" da célebre escala de Kinsey ("exclusivamente homossexual").

Nascido em 1893, ex-aluno dos maristas, congregado mariano por anos seguidos, cristão até morrer, Mário assemelha-se ao Apóstolo Paulo quando reclamava do incômodo e comprometedor "espinho na carne", ambos massacrados pela cruel homofobia dominante em nosso mundo judaico-cristão: "Há um indivíduo infame, diabólico, que carrego toda a vida comigo... Há um lado hediondo em meu caráter. Sou um vulcão de complicações!" E noutra ocasião completava o príncipe de nossos poetas

[Crônicas de um gay assumido]

modernistas: "Há um elemento delicado de tratar mas que tem uma importância decisória em minha formação: a minha assombrosa, quase absurda e monstruosa sexualidade. Descobri que podia ter relações com uma árvore e com seres humanos de ambos os sexos." Confissão mais explícita impossível![1]

Dizem que teve oito paixões platônicas por diferentes mulheres, permanecendo contudo solteirão a vida inteira. Em carta a Sérgio Milliet dizia: "Já sei de minha reputação de pederasta. Não me surpreende. Será a celebridade que se aproxima? Eis-me elevado à turva e apetitosa dúvida que doira a reputação de Rimbaud, Verlaine, Shakespeare Miguel Ângelo e Da Vinci" — todos reconhecidos pelos estudiosos como igualmente praticantes dos amores unissexuais.

Desde menino, Mário sentiu-se atraído pelo mesmo sexo: em seu conto "Frederico Paciência" descreve sua "amizade particular" com o adolescente carioca, paixão terna e duradoura, entremeada de cenas de ciúme, troca de carícias e beijos furtivos, motivo inclusive de comentários maliciosos pelos colegas do ginásio.[2]

Já adulto, o escritor assumia o estereótipo do dândi-almofadinha, com seus ternos impecáveis de casimira inglesa e linho branco, pó-de-arroz no rosto para atenuar o tom amulatado da pele, herança de seu lado materno. Como outros homossexuais da Paulicéia Desvairada, além de "experimentar drogas com interesse apaixonado" — sobretudo éter e cocaína —, era figura constante no gueto gay. Segundo um produtor musical da época, "Mário de

---

[1] "Vida de Mário de Andrade foi um vulcão de complicações", José G. Couto e M. C. Carvalho, *Folha de S. Paulo*, 26.09.93, "100 Anos de Mário de Andrade".
[2] Mário de Andrade: *Contos Novos*, S. Paulo, Martins Editora, 1947, "Frederico Paciência".

Andrade freqüentava pontos de prostituição masculina em São Paulo e um mictório público na Praça da República era conhecido como "marinho", em referência ao escritor".[3]

É sobretudo nalguns poemas e registros de seus contemporâneos — enquanto não temos acesso à sua decantada correspondência particular — que nos baseamos para confirmar o homoerotismo do autor de *Macunaíma*. No poema "Cabo Machado", de 1922, o escritor não poupa elogios à beleza andrógina do atraente militar: "Cabo Machado é cor de jambo... é moço bonito... olha dengoso para os lados... delicado e gentil... doce como o mel e polido que nem manga-rosa..."[4]

Como muitos homossexuais pelo mundo afor.a, Mário de Andrade parece ter desenvolvido certo fetichismo *vis-à-vis* os militares, tanto que, inquirido sobre música por um amigo, teria respondido: "Para mim, não existe música mais bonita do que o ruído do cinto de um fuzileiro naval batendo na cadeira de um quarto de hotel da praça Mauá!"[5] Opinião um tanto exagerada para um musicólogo e folclorista...

Dois de seus poemas são particularmente prenhes de homossensualidade: um soneto de dezembro de 1937, em que repete a mesma paixão pederástica de Sócrates por um Alcibíades adolescente: "Aceitarás o amor como eu o encaro? (...) Tudo o que há de melhor e de mais raro; Vive em teu corpo nu de adolescente. A perna assim jogada e o braço é claro; Olhar preso no meu, perdidamente

---
[3]"Homossexualismo e Macunaíma", *O Globo*, 14.03.1993, 2° Caderno, p. 1.
[4]Mário de Andrade: *Losango Cáqui, Poesias,* "Cabo Machado", S. Paulo, Livraria Martins Editora, 1941:58
[5]Trevisan, J. S. *Devassos no Paraíso,* S. Paulo, Max Limonade, 1986:153.

(...) que grandeza... A evasão total do pejo, Que nasce das imperfeições. O encanto, Que nasce das adorações serenas".[6]

O outro poema é de 1931: "Girassol da Madrugada", dedicado a um misterioso R.G. a quem o editor Manuel Bandeira suprimiu o nome completo: o famigerado "complô do silêncio" contra a homossexualidade: "Não abandonarei jamais de noite as tuas carícias... Teu dedo curioso me segue lento no rosto. Os sulcos, as sombras machucadas por onde a vida passou... Tive quatro amores eternos. O primeiro era a moça donzela. O segundo... eclipse, boi que fala, cataclisma. O terceiro era rica senhora. O quarto és tu ... E eu afinal repousei dos meus cuidados... Para nós é a sonolenta noite que nasce detrás das carícias esparsas. Flor! Flor! Graça dourada! Flor..."[7] Coincidentemente, no mesmo ano em que Mário dedicava ao misterioso R.G. tão delicado poema, segredava noutra crônica: "É por causa de meu engraxate que ando agora em plena desolação. Meu engraxate me deixou!".[8] Seriam uma só pessoa o "Girassol da Madrugada", R.G., e o tal engraxate?

Devemos a seu maior amigo, depois inimigo irreconciliável, Oswald de Andrade, algumas inconfidências sobre a homossexualidade de nosso grande intelectual: depois de brigados, certa feita, assinou um artigo com o pseudônimo de "Cabo Machado", para ridicularizar a espontaneidade do poeta em cantar loas a seu Ganimedes fardado. Outra vez, Oswald declarou com maldade que "Mário de Andrade é muito parecido pelas costas com Oscar Wilde", associando nosso poeta tupiniquim

---

[6]Mário de Andrade, *Grã Cão de Outubro, Poesias*, "Soneto", 1941:246.
[7]Mário de Andrade, *Livro Azul, Poesias*, "Girassol da Madrugada", 1941: 267.
[8]Trevisan, *op.cit.* p.153.

ao príncipe dos pederastas da época vitoriana. Finalmente, Oswald apelidou Mário de "Miss São Paulo em masculino", certamente ridicularizando seu dandismo e face embranquecida pelo pó-de-arroz.[9]

Ultimamente, alguns autores que conheceram Mário de Andrade voltaram a tratar desse assunto tabu geralmente escamoteado ou omitido pela maior parte de seus estudiosos, inclusive por Telê P. A. Lopez, uma das *"experts"* no poeta. Em seu livro *Mário de Andrade: exílio no Rio*, Moacir Werneck de Castro conclui que : "Na raiz do drama existencial do escritor jaz a angústia da sexualidade reprimida e transformada em difusa pansexualidade." Antônio Cândido, por sua vez, que conviveu com os dois Andrades, tocou de forma indireta — e sutil — no tema: "O Mário de Andrade é um caso muito complicado, era um bissexual, provavelmente... Ele tinha uma sensibilidade homossexual, isto é fora de dúvida, vê-se pela obra dele."[10]

Mário de Andrade tinha 7 anos quando chegou ao Brasil a notícia de que o polêmico Oscar Wilde — preso e condenado a trabalhos forçados pelo crime de ser homossexual — havia morrido. Em São Paulo e no Rio de Janeiro, à época em que Mário viveu, embora já não fosse mais crime a prática do homossexualismo, os "pederastas" eram perseguidos pela polícia e discriminados com violência, daí o drama vivido por "Miss São Paulo em masculino", temeroso do opróbrio e execração popular, sempre camuflando este seu flanco com receio de chantagens, chacotas ou agressões

---

[9]"Entre os dois Andrades houve amor e desunião", Humberto Werneck, *Folha de S. Paulo*, 26.9.93, p.7
[10]"Cândido escreve a Mário", Antônio Cândido, *Folha de S. Paulo*, 26.9.93, p.2.

[Crônicas de um gay assumido]

Alguns anos antes de morrer, este "vulcão de complicações" segredava numa carta a um amigo: "Ando bebendo muito para esquecer, que mal? Não sei. Não sei o que é que eu tenho, ou que não tenho. É um grande mal vagarento, um grande desgosto escuro..."[11]

Com certeza, seu mal era a homofobia própria e a dos outros!

---

[11] "Inojosa lembra o amigo Mário de Andrade". *O Estado de S. Paulo,* 9.10.83.

[O túmulo mutilado de Oscar Wilde]

Um dos cartões turísticos de Paris é nada menos que um cemitério — o célebre Père Lachaise — onde estão os túmulos de grandes personalidades da França e alguns estrangeiros — entre os mortos mais famosos, Balzac, Bizet, Maria Callas, Chopin, Comte, Alphonse Daudet, Delacroix, Heloísa e Abelardo, Alan Kardec, La Fontaine, Molière, Yves Montand, Edith Piaf, Simone Signoret, etc. etc. No folheto distribuído aos visitantes, estão indicados 105 túmulos de gente famosa — cada túmulo mais suntuoso que o outro, com esculturas dignas de qualquer museu, mármores raros, capelinhas e capelonas com vitrais maravilhosos. Muitos com *corbeilles* de flores oferecidas por familiares ou admiradores.

Quando visitei este que talvez seja um dos cemitérios mais famosos do mundo, era outubro de 1998, começo do outono europeu, e as folhas amarelas e avermelhadas das majestosas castanheiras formavam lindo tapete por sobre o lajeado das intermináveis ruas e escadarias do Père Lachaise. Fui ao cemitério com um destino certo: visitar o túmulo de Oscar Wilde. Lá chegando, fui direto à tumba 83, na Avenue Carette, entre a Transversal 3 e a Avenue Circulaire.

O túmulo é discreto, estilo moderno, comovente. Um bloco enorme de pedra cinza, com um anjo nu, estilizado, esculpido na parte superior, em posição horizontal, como se estivesse voando. Este belo homem alado tem traços que lembram uma escultura asteca, com uma discreta tiara na cabeça composta com algumas figuras humanas. Tem o olhar sereno, direcionado para o infinito.

No pé do túmulo, a simples inscrição: OSCAR WILDE. Alguns botões de rosa vermelha e um belo ramo de lírios brancos eram a prova de que o maior poeta homossexual do *fin-de-siècle* continuava a ter fãs de carteirinha.

Na parte baixa do mausoléu, uma plaqueta adverte: "Não desfigure o túmulo, protegido como monumento histórico, restaurado em 1992". Apesar da advertência, fiquei chocado com um abominável ato de vandalismo: o órgão sexual do anjo estava mutilado, faltando-lhe parte do pênis e o saco escrotal. Fiquei triste e indignado com tal violência. E pus-me a refletir: o que teria levado alguém a decepar o órgão sexual do anjo de Oscar Wilde?

Teria sido apenas um homófobo mais violento ou vários os mutiladores? Pela gravidade dos danos, sou do parecer que foram muitos os golpes e repetidos os golpeadores. Qual a razão desta castração se outros anjos e anjinhos de túmulos próximos, também nus, conservam sua genitália intacta?! Seria por tratar-se do túmulo do mais famoso homossexual da época vitoriana e, como tal, indigno de repousar em paz lado a lado dos outros mortais?

Mutilaram o sexo do anjo por considerarem ofensivo estar esculpido de forma tão realista um órgão, que no imaginário popular representa a própria traição vivenciada pelos homossexuais, pois em vez de usá-lo como "manda a natureza" — comendo vaginas e reproduzindo novos seres humanos — os "sodomitas"

[O túmulo mutilado de Oscar Wilde] **[187]**

usam o ânus como local de prazer e quando muito, ao fazerem uso do membro viril, metem seus pervertidos falos nas bocas e canais retais uns dos outros?!

Destruíram a genitália do anjo-homem de Oscar Wilde a golpes de pedra ou com alguma barra de ferro, imbuídos da mesma raiva e com o mesmo sentido daqueles carrascos que, quando matam um gay, decepam-lhe o pênis, metendo-o logo em seguida dentro da própria boca do infeliz, como se quisessem dizer: "Você que foi um falso ao corpo, que traiu o sexo forte, preferindo dar as costas a outros machos, fazer-se fêmea, terceiro sexo, efeminado, que tenha como castigo ser castrado e a condenação de engolir o membro que não soube respeitar!"

Não sei se a plaqueta advertindo contra eventuais "desfigurações" do túmulo foi colocada antes ou depois do vandalismo. Suponho que tenha sido posterior, para evitar novas destruições.

Emocionado por estar diante dos restos mortais de uma das maiores estrelas do panteão dos praticantes do *"love that dare not speak its name"* (expressão cunhada por Lorde Douglas, o esbelto e ingrato amante deste poeta irlandês), comovido e ao mesmo tempo injuriado pela intolerância homofóbica que persegue este autor maldito mesmo após sua morte, tive ali mesmo uma inspiração que pretendo tornar realidade: começar uma campanha internacional, liderada pelo Grupo Gay da Bahia, com vistas à restauração urgente do pênis do anjo de Oscar Wilde.

Já que inegavelmente esta mutilação tem um significado simbólico importante, prova do quanto a homofobia é violenta, burra e verdadeiro atentado contra a humanidade e a civilização, por outro lado, antevendo os ganhos políticos para nossa causa, graças a uma campanha internacional visando a cirurgia restauradora do sexo do anjo de Wilde — e não venham me dizer que anjo não tem sexo! — além de restaurar uma significativa obra de arte, tal movimento haveria de chamar a atenção da sociedade em geral para o ridículo de quantos ainda vêem o sexo explícito como um atentado à moral e aos bons costumes e ainda consideram o homossexual como um homem-castrado ou a ser castrado, e indigna sua orientação sexual. Se fosse a estrela de Davi de um túmulo de um herói judeu que tivesse sido destruída, certamente sua restauração seria vista como resgate dos direitos humanos e cidadania desta minoria que, tanto quanto os homossexuais, têm sido os bodes expiatórios dos totalitarismos fundamentalistas nestes dois mil anos de intolerância cristã.

Certamente não faltarão competentes restauradores gays ou simpatizantes que se disporão graciosamente a executar a importante cirurgia reparadora da genitália do anjo de Oscar Wilde. Seria questão de consultar primeiro a família ou descendentes de Jacob Epstein, o escultor do mausoléu, para saber se teriam sugestão de nome de algum *expert*, ou como se deveria melhor proceder nesta restauração. Feita a consulta, que os escultores candidatos à execução da operação regeneradora apresentassem *in loco*, em gesso, o modelo de sua restauração, e um júri nomeado pela Académie de Beaux Arts de Paris e conservadores do Cemitério Père Lachaise julgariam o pênis mais adequado, encarregando-se o vencedor de sua pronta execução.

O custo deste implante certamente será mínimo — infinitamente menor do que o valor de uma verdadeira operação transexual! — e o significado social e publicitário da causa gay haverá de ganhar excelente espaço e simpatia na mídia mundial. Sem falar que o próprio anjo e o principal interessado na história, Oscar Wilde, hão de ficar mais do que agradecidos, pois se tem coisa de que bicha sente falta, certamente é de um bom caralho!

    P.S.: Enviei cópia deste artigo ao *Le Monde*, *La Libération* e aos principais grupos gays da França e Inglaterra tentando vender a idéia. Agora é esperar para ver no que vai dar. E torcer para que quando você for visitar o túmulo do poeta gay, o anjo do Oscar Wilde tenha seu pau devidamente implantado.

[Jesus era gay?]

Primeiro: para começo de conversa, convém lembrar que há sérias dúvidas quanto à existência histórica de Jesus de Nazaré. Ninguém sabe como ele era: se feio ou bonito, se usava barba ou não, se de olho azul e cabelo liso dourado como costuma ser representado, ou morenão de cabelo crespo como muitos nativos do Oriente Médio. Não há nenhum objeto histórico deixado por Cristo: o Santo Sudário (existe mais de uma dezena deles!) é uma fraude, as lasquinhas de sua Santa Cruz se reunidas todas equivaleriam a uma floresta, suas "verdadeiras relíquias" foram fabricadas na Idade Média. Os próprios Evangelhos, a principal fonte informativa sobre Jesus, estão cheios de contradições: um diz que ele morreu ao meio-dia, outro às 3 horas; sua genealogia em Lucas e Mateus são discordantes. A fé é sempre um passo no escuro. E nunca vi ninguém remover montanha alguma só com a fé!

Segundo: se dermos crédito aos relatos dos quatro evangelistas, podemos detectar diversas passagens da biografia ou do mito de Cristo que permitem identificá-lo muito mais com a cultura gay do que com a dos machos heterossexuais. Alguns exemplos: um judeu chegar aos 33 anos sem se casar colocava sérias dúvidas sobre sua masculinidade; Jesus é delicado demais para o padrão machista de seu tempo: "olhai o lírio dos campos..." e "deixai vir a mim as criancinhas..." são expressões muito mais próximas da cultura gay do que de machões; o gesto de lavar os pés dos discípulos, na Última Ceia, jamais seria realizado por macho algum, pois era atividade exclusivamente feminina (e atenção: Jesus mandou que seus discípulos seguissem seu exemplo, ordem explícita em favor da androginia!); a relação de Jesus com Maria Madalena, Marta e Maria e com as demais mulheres que o seguiam lembra mais a relação dos gays com mulheres-simpatizantes, sem envolvimento sexual, do que a relação dos homens heterossexuais com as filhas de Eva.

Terceiro: Jesus tinha uma relação especial, uma amizade particular com João Evangelista, reconhecido pelos apóstolos como "o discípulo que Jesus amava". Quando se conheceram João tinha mais ou menos 15 anos, Jesus 30. Tão íntima era essa relação que na última ceia, João estava reclinado no peito de seu divino Mestre. As primeiras representações desta cena mostram Jesus e os discípulos deitados (e não sentados, como o imortalizou Leonardo da Vinci). Estar deitado, reclinado no peito de Jesus, é intimidade que dificilmente um macho judeu se permitiria há dois mil anos.

Tem mais: algumas horas depois deste idílio — onde tomaram vinho e cearam, Jesus e os discípulos passam a noite no Horto das Oliveiras. Quando chegam os soldados para prender Jesus, Judas o beija — gesto delicado comum entre homens da época. Neste instante, diz o Evangelho de Marcos, no meio da noite, um discípulo saiu correndo nu, deixando cair o lençol que o envolvia. Cena estranha e comprometedora essa de um acompanhante próximo de Jesus estar sem roupa, e fugir enrolado apenas num lençol. Onde tem fumaça tem fogo!

Quarto e último argumento: não sou o primeiro a levantar a lebre de que Jesus provavelmente era homossexual. O historiador Giovanni Dall'orto encontrou diversos sodomitas italianos do século XVI que foram denunciados à Inquisição por terem dito exatamente isso: que Jesus era homossexual. O escritor Marlowe, contemporâneo de Shakespeare, também defendeu que Jesus e João Evangelista mantiveram relação amorosa.

Eu mesmo encontrei no Arquivo da Torre do Tombo, em Lisboa, a denúncia contra Gregório de Matos, o maior poeta brasileiro barroco, o qual, nos finais do século XVII, ousou dizer que "Nosso Senhor Jesus Cristo era sodomita". Diz o manuscrito que o Boca do Inferno teria usado uma palavra vulgar corrente na época, provavelmente disse que o Filho de Deus era "fanchono" ou "puto" — dois termos populares sinônimos de sodomita. Há outros casos registrados no Santo Ofício de pessoas no Brasil e em Portugal que disseram que Jesus e os apóstolos eram gays.

Portanto, ao celebrar no ano 2000 o segundo milênio do nascimento de Jesus Cristo, seria esta uma excelente oportunidade para o movimento homossexual internacional reivindicar nossa participação nesta festa maravilhosa, pois há mais de 500 anos os homossexuais reivindicam Jesus como membro de nossa confraria. Claro que vai haver muito escândalo e protesto, negativas, contestações e até vingança.

Temo mesmo que haja reações violentas dos cristãos mais fundamentalistas, que para defender a heterossexualidade de Cristo, serão capazes de atacar os homossexuais — como aconteceu no episódio de Zumbi. Deixar, contudo, passar o milênio sem provocar esta discussão seria perder fantástica oportunidade para um debate em nível mundial sobre o respeito à homossexualidade, pois se outros deuses, como Zeus e Oxalá, entre tantos outros, eram andróginos ou praticantes do homoerotismo, qual o problema se Jesus, o Filho de Deus, também fosse adepto do amor dos deuses?

Dai aos gays o que é dos gays!

E se Jesus estivesse vivo, se perguntasse a ele de que lado gostaria de ficar, do lado dos machões ou do lado das criancinhas e dos lírios do campo, não tenho dúvida que ficaria da nossa banda, do lado dos gays!

[V]

[Homofobia]

[Homotomopig]

[Por que tanto ódio contra os gays?]

Os fatos comprovam que a homossexualidade ainda é o maior tabu da atualidade. Observe o leitor que grafei propositadamente homossexualidade e não homossexualismo, pois assim como a heterossexualidade e a bissexualidade, a homossexualidade é uma expressão da sexualidade humana — reconhecida pela Organização Mundial de Saúde, pelos Conselhos Federais de Medicina e Psicologia e pelas mais prestigiosas associações científicas nacionais e internacionais, como uma manifestação sexual tão normal, legítima e saudável quanto as relações entre sexos diferentes.

Apesar de tais garantias científicas e institucionais, lastimavelmente, o amor entre pessoas do mesmo sexo permanece como o maior e mais estigmatizado tabu no mundo moderno, a ponto de levar 80% dos formadores de opinião no Brasil a condenarem a orientação sexual dos gays e lésbicas.

Os homossexuais continuam sendo as principais vítimas do preconceito e discriminação em todos os segmentos sociais: dentro de casa, na escola, no local de trabalho, na rua, nas igrejas, na polícia e exército, nos meios de comunicação. Não há nenhum lugar, nenhuma instituição que não discrimine gays, lésbicas e travestis. "Viado" é o xingamento mais freqüente na boca dos brasileiros quando querem insultar um inimigo — e a epidemia de ódio contra homossexuais coloca nosso país na triste posição de líder mundial de crimes homofóbicos: a cada três dias os jornais divulgam que mais um gay, travesti ou lésbica foi barbaramente assassinado — no mais das vezes, crimes cometidos com requintes de crueldade. Menos de 10% destes criminosos vão a julgamento.

Por que tanto preconceito, discriminação e violência contra os praticantes desta modalidade amorosa? Por que desde há quatro mil anos o Antigo Testamento mandava apedrejar o homem que dormisse com outro homem? Por que a Inquisição, os aiatolás e o nazismo condenaram à morte tantos sodomitas?

Três hipóteses etno-históricas ajudam-nos a entender tantos séculos de perseguição contra os homossexuais. A primeira nos leva ao tempo das fogueiras da Inquisição. Antigamente, os homossexuais — então chamados de sodomitas — foram referidos pelo inquisidor mor, o cardeal D. Henrique (século XVI), como "filhos da dissidência". De fato, os gays e lésbicas, por sua orientação sexual e estilo de vida, são dissidentes, pois discrepam, resistem e indiretamente agridem a ordem estabelecida.

A homossexualidade, "tão antiga quanto a própria humanidade", nas palavras de Goethe, desde os primórdios da história humana, sempre foi uma perigosa ameaça a um dos alicerces do autoritarismo da ordem familiar, na medida em que os gays elegeram como critério de engate e formação de novos pares, a atração física, o amor romântico e a identificação interpessoal — enquanto as uniões entre homens e mulheres eram autoritariamente determinadas pelos interesses e aliança de famílias, menosprezando e negando aquelas liberdades, aniquilando a vontade do futuro casal. Portanto, os homossexuais são, inquestionavelmente, os inventores e precursores do amor romântico, precedendo historicamente o romance entre Romeu e Romeu ao enlace entre Romeu e Julieta.

O amor romântico e a liberdade da escolha do parceiro — praticados pelos homoeróticos desde priscas eras, só no último século passaram a ser ingredientes das relações entre homens e mulheres. Nossos bisavós certamente tiveram seus cônjuges escolhidos pelos mais velhos: união baseada no tesão e na paixão, era coisa de "fanchono".

A segunda mais perigosa e ameaçadora "invenção de moda" dos gays foi a dissociação entre sexo e reprodução. Antes da pílula, da camisinha e dos métodos anticoncepcionais, a gravidez era quase sempre o resultado inevitável das relações entre sexos opostos. Muitas mulheres não chegam ao orgasmo pois o medo de engravidar é mais forte do que o prazer erótico.

Até hoje a Igreja Católica defende que a função do sexo é a reprodução — tanto que proíbe o casamento de impotentes e condena relações e técnicas eróticas que não permitam o encontro do espermatozóide com o óvulo.

Ora: o que está subjacente ao dito popular, "homem com homem dá lobisomem e mulher com mulher dá jacaré", é que as transas de gays e lésbicas são relações sexuais estéreis, sem gravidez e prole indesejáveis. Quão tentadora devia ser aos olhos dos indefesos heterossexuais a relação de duas lésbicas ou de dois gays, relação plenamente satisfatória sexual e afetivamente e sem o risco e ônus de uma gravidez indesejada! Sem a obrigatoriedade de ter como conseqüência bundinhas de nenês para limpar, bocas de filhos e mais filhos para sustentar, cabaços de filhas donzelas a zelar e filhos machos a evitar a sífilis ou serem obrigados a casar na delegacia.

[Crônicas de um gay assumido]

Enquanto os casais heterossexuais se viam envolvidos com dramas tão cabeludos, os *filhos da dissidência* continuavam transando adoidado, sem menstruação para cortar o barato, sem o medo da prenhez, sem gastar com fraldinhas e pediatras... Vingativos e despeitados, os donos do poder rotularam o amor unissexual de pecado contra a natureza, cópula de satanás e ameaça de extinção da espécie humana.

Hoje ainda, quando o Congresso Nacional discute a legalização da união civil entre pessoas do mesmo sexo, a Igreja e os setores mais conservadores de nossa sociedade entram em pânico, não só chamando a união homossexual de "porcaria" e "cachorrada", mas sobretudo acusando o projeto da deputada Marta Suplicy de ser deseducativo e grave ameaça à família e ao casamento heterossexual — o que confirma nossa ilação da fragilidade e insegurança dos heterossexuais mais belicosos.

A terceira perigosíssima invenção gay em matéria de sexo e amor foi a quebra das barreiras de classe, idade e raça na escolha de parceiros sexuais. A endogamia (casamento dentro do próprio grupo) foi a forma encontrada por muitas sociedades para controlar e reprimir a livre escolha de parceiros e impedir a mistura social. De acordo com este dogma, o homem deve sempre ser maior e mais velho que a mulher; a fêmea branca não pode juntar-se com macho de cor; não dá certo a união de um nobre com plebéia etc. etc.

Como o matrimônio tradicional visa manter o patrimônio e a pureza (racial, étnica, econômica) das famílias, as uniões sexuais entre desiguais sempre foram malvistas, proibidas e castigadas.

Como a relação entre homossexuais é estéril, não gera descendentes, não há por que os gays brancos reprimirem seus arroubos de democracia racial, e evitarem cópula com negros ou índios, posto que não há risco do nascimento de mestiços ou bastardos. Como as relações homoeróticas eram via de regra secretas e clandestinas, sem envolvimento com a estrutura familiar, não havia por que manter as aparências e curvar-se ao cânone endogâmico oficial , daí os casais gays de ontem e hoje serem muito mais heterogêneos do que os heterossexuais no tocante à idade, cor e classe social dos parceiros. Tendência também gravemente ameaçadora da moral estabelecida pois questiona e desestabiliza os alicerces da ordem constituída, quebrando as tradicionais fronteiras raciais, estamentais ou de classe. Dissidência total!

É por tais razões — entre outras — que entendemos que homossexuais, assim como os anarquistas, foram e continuam sendo perseguidos pelos donos do poder civil, religioso e militar, posto que ambos os grupos professam a profunda convicção de que historicamente todas as formas de governo interferem injustamente na liberdade individual — seja na esfera sociopolítica, seja na libidinal e na própria imposição rígida e excludente de papéis de gênero e de divisão sexual do trabalho.

Uma quarta hipótese deixo aqui apenas esboçada: os donos do poder da sociedade machista patriarcal temem os gays mais do que a peste, pois o homossexual masculino abre mão de um dos pilares da ordem vigente: o poder hegemônico do macho. Muitos gays curtem a androginia: misturam criativamente elementos do mundo masculino e feminino, daí no Nordeste serem chamados de machos-fêmeas.

Muitos homossexuais negam e ridicularizam os valores de força e hegemonia constitutivos da cultura machista: são delicados, meigos, artistas, sensíveis, bons bailarinos, excelentes cozinheiros, exímios modistas e estilistas, sacerdotes e feiticeiros fantásticos — enfim, estão no mundo intermediário da intersexualidade dos papéis de gênero, com um jogo de cintura tão frenético que às vezes chegam a causar inveja nas próprias mulheres — haja vista o sucesso de Roberta Close, eleita modelo de beleza da mulher brasileira e o arraso das travestis brasileiras na Europa...

[A homofobia intolerável da novela *Suave veneno*]

A novela *Suave veneno* (TV Globo, 1999) a meu ver representou um prejuízo incalculável para o movimento de libertação homossexual, na medida em que reforçou a imagem estereotipada do gay ridículo, frágil, explorando o mesmo filão trilhado nos anos 80 pelas personagens Painho, Capitão Gay e mais recentemente por Vera Verão.

O pior de tudo é que o autor da novela, Aguinaldo Silva, que hoje presta esse lamentável desserviço à dignificação dos "viados", foi um dos fundadores do principal jornal gay de nossa história, *O Lampião da Esquina*, sendo seu último editor e coveiro.

Segundo consta, a primeira idéia de fundar um grupo gay e um jornal homossexual em nosso país partiu do advogado gaúcho João Antônio Mascarenhas, falecido em 1998. Foi ele quem reuniu uma dezena de líderes gays do Rio e S. Paulo e juntos fundaram *O Lampião*. João Antônio sempre discordou da linha "editorial" de Aguinaldo, por este privilegiar temas carnavalescos e futilidade, em detrimento dos assuntos mais relacionados à cidadania e direitos humanos. Tinha profundas restrições ao caráter do hoje novelista global, a quem chamava com sarcasmo de "a pernambucana escrota".

Alguns fatos e ditos do novelista comprovam a adequação do apelido. Por exemplo: quando o novelista pernambucano acabou com *O Lampião*, o Grupo Gay da Bahia, já na época o mais antigo e estruturado do país, enviou-lhe diversas cartas oferecendo-se para conservar o precioso arquivo do jornal, considerando que o GGB era o único grupo a possuir sede própria e o maior arquivo homossexual da América Latina.

As cartas e os pedidos foram em vão, pois Agnaldo cometeu crime de lesa-humanidade contra a memória homossexual do Brasil: deu fim ao maior acervo de fotos, cartas, artigos, livros e manuscritos de cultura gay até então jamais reunido entre nós. Eu mesmo comprei num sebo no Rio de Janeiro um livro com autógrafo de Rudy oferecido ao *Lampião*, espólio deste acervo.

Agora rico e famoso como novelista da Globo, Aguinaldo Silva nos últimos anos tem feito diversas declarações, seja arrenegando seu passado de ativista gay, dizendo até que nem sabe mais se é homossexual, seja criticando gratuitamente nossas luta e conquistas. Recentemente acusou o presidente do GGB de ser uma caricatura dos militantes gays norte-americanos, dizendo que quero aparecer às suas custas; que sou heterossexual infiltrado no movimento gay; que dou pinta na televisão; que decretei pena de morte contra as bichas efeminadas. Pura escrotidão!

Pior que tudo, invadiu milhões de lares brasileiros divulgando a imagem ridícula de dois gays, que apesar de algumas virtudes e grandezas d'alma, perpetuam a velha e ultrapassada imagem da bicha frágil, palhaça, ultradesmunhecada, fútil, uma caricatura que provoca o riso mas que humilha os milhões de homossexuais que a duras penas querem ser vistos e tratados socialmente como homens que são, e não como palhaços.

Sob a alegação de que a bicha brasileira é tradicionalmente mulherzinha, "a pernambucana escrota" criou Uálber e sua empregadinha Edilberto, que provocam riso e gozação nos mesmos telespectadores que exigiram a explosão das duas lésbicas da novela Torre de Babel — porque eram bonitas demais, bem realizadas, "normais", os mesmos espectadores que agora aplaudem, gargalhando, as bichices e macaquices das bichas de Aguinaldo.

Acontece que esta piada chegou a um tamanho nível de agressão e discriminação que não dá mais para suportar. Por isso, o Grupo Gay da Bahia exigiu a retratação de seu autor e a entrada na mesma novela da Globo, ou numa próxima, de personagens homossexuais que resgatem nossa dignidade e cidadania.

A meu ver, foram enormes as conseqüências negativas de *Suave veneno* para a comunidade homossexual, pois ratificou a ideologia de que é lícito debochar, humilhar e até bater em bicha. Num dos capítulos de *Suave veneno* Aguinaldo mostrou um pseudomachão humilhando gravemente a bichinha empregada, puxando-lhe violentamente a orelha — castigo que se fosse mostrado tendo como vítima uma criança, um negro, um judeu ou mesmo um animalzinho de estimação, certamente teria provocado calorosos protestos da opinião pública, da CNBB, de deputados e senadores.

E não foi apenas a humilhação do puxão de orelha: na frente dos freqüentadores de um bar, Edilberto, a indefesa bichinha foi insultada com o epíteto de "lombriga de pobre", xingamento que não se precisa ser nenhum Freud para perceber a correlação entre lombriga e cu, entre cu e pobreza, pobreza e desprezo social. Raro era o capítulo da novela em que Edilberto não era vítima de uma ou várias agressões! A começar pelo próprio vidente Uálber, que a empurrava e humilhava em quase todas as vezes que contracenavam, praticamente todos os personagens da novela agrediram fisicamente a bichinha palhaça.

O pior de tudo é que as duas monas de *Suave veneno* se tornaram líderes de audiência, levando machões homofóbicos e respeitáveis matronas a juntos aplaudirem, no meio de gargalhadas, as momices de Uálber e Edilberto. Viado palhaço tudo bem, filho ou parente viado, é porrada, onde já se viu!?: na nossa família nunca teve viado nem sapatão.

A História há de fazer justiça contra aqueles que nos humilharam, que ganharam dinheiro e prestígio vendendo imagens caricatas de gays, lésbicas e travestis, que reforçaram e forneceram munição para a manutenção da homofobia. Que fique mais este registro como ajuda da memória para que as futuras gerações não se esqueçam de incluir no paredão dos inimigos dos homossexuais esta pernambucana escrota, criadora destas aberrações, assim como os artistas que se submeteram a representar personagens tão degradantes.

[Inquisição tupiniquim]

Confesso que no final de milênio andei profundamente revoltado com alguns acontecimentos contrários aos direitos humanos dos homossexuais no Brasil. O aumento para 64 deputados "evangélicos" no Congresso Nacional nas últimas eleições do século XX representou para gays, travestis e lésbicas o mesmo perigo que a escalada dos nazistas na Alemanha às vésperas da Segunda Guerra Mundial.

No Brasil os crentes se tornam cada vez mais corporativistas, trocam a alma por emissoras de rádio e tv, arrancam o dízimo dos descamisados e da classe média menos politizada. De oprimidos pelas autoridades católicas, hoje se tornam os maiores opressores dos homossexuais e dos adeptos das religiões afro-brasileiras, atacando sem piedade os próprios católicos, a quem chamam de idólatras e supersticiosos.

Se nos tempos da Inquisição os "sodomitas" morriam de medo de caírem nas garras das autoridades católicas, hoje nós, "pecadores praticantes do abominável pecado de sodomia", somos vistos e tratados pelos protestantes como verdadeiros diabos. Para nos "curar", abriram clínicas de recuperação de homossexuais no Paraná, S. Paulo, Salvador — onde mais?

Em seus jornais, programas de TV, nos púlpitos e no Congresso, esculhambam os homossexuais, insultam a ex-deputada Marta Suplicy. Têm página da internet com ataques a Luiz Mott e ao movimento homossexual.

O argumento destes fundamentalistas é que nossa forma de amor é contrária à natureza e oposta à lei de Deus. Argumento ridículo pois a Zoologia, a ciência autorizada a falar sobre a natureza animal, garante que há muita bicha entre os bichos, que incontáveis espécies, dos percevejos às baleias, inclusive entre os antropóides mais próximos do *Homo Sapiens,* praticam o coito de macho com macho e de fêmea com fêmea. Portanto, faz parte dos planos do Criador a existência da unissexualidade no reino natural.

Quanto ao segundo argumento, que o amor homossexual contraria a lei de Deus, os próprios evangélicos estão carecas de saber a resposta, mas preferem escamotear a verdade e dar as costas à mais atualizada Exegese, a Ciência da Bíblia, que garante: se Javé e seu filho Jesus considerassem a homossexualidade pecado tão abominável quanto os fundamentalistas costumam declarar, Deus teria incluído no Decálogo o mandamento: "Não fornicará macho com macho". Não incluiu!

Por sua vez Jesus, o Verbo Encarnado, não falou sequer uma palavra contra os gays; pelo contrário, a lei áurea do Velho Testamento é "Amar o próximo como a si mesmo", ratificada pelo Cristo que determinou "Amai-vos uns aos outros". Portanto, só a ignorância homofóbica explica o preconceito de um tal pastor da Assembléia de Deus, de S. Paulo, que disse: "O homossexualismo é uma anormalidade, uma profanação do nome de Deus, pois a homossexualidade é uma maldição de Deus e por isso, todos os homossexuais serão conduzidos pelo diabo à perdição eterna". *Vade retro,* crente do cão!

Do mesmo modo como nos congressos internacionais, inimigos viscerais, como muçulmanos e cristãos, se unem para impedir que as mulheres conquistem autonomia da tutela masculina e liberdade para decidirem sobre seus corpos e destino — assim também, na *terra mater* da IURD — a abominável multinacional Igreja Universal do Reino de Deus — quando se trata dos direitos humanos dos viados, cães de guarda de todas raças — católicos e protestantes — dão o abraço ecumênico e jogam lenha na fogueira desta nova Inquisição.

Os católicos carismáticos têm sido ultimamente tão perniciosos à liberação homossexual quanto os mais ignorantes adeptos das seitas fundamentalistas. Até poucos anos atrás, a hierarquia católica não tinha coragem de condenar os homossexuais, certamente temerosa do efeito bumerangue: que as pedras voltassem para seus delicados telhados de vidro — dada a enorme quantidade de sacerdotes predominantemente homossexuais.

O então cardeal do Rio de Janeiro D. Eugênio Sales, autointitulado "xerox do Papa" (*Quod Deus avertat!*), e o decrépito D. Estêvão Bittencourt (Credo!), monge beneditino da mesma cidade de S. Sebastião (Patrono dos Gays, *ora pro nobis!*), eram os únicos teólogos que ousavam articular um discurso homofóbico. Hoje, contudo, virou moda bispo assinar documento contra o projeto de parceria civil registrada e declarar nos jornais que os gays "são gente pela metade", ou que "os cachorros me perdoem, mas o projeto do casamento gay é uma cachorrada" — declarações de suas Excelências Reverendíssimas, os arcebispos de Florianópolis e de Maceió, respectivamente. Aliás, sugiro a você, leitor e leitora amigos, que escrevam a ambas as excelências solicitando cópia do modelito de seus fechativérrimos anéis episcopais, para fazer um par de brincos iguaizinhos!

Voltando ao sério: o que hoje se vê é a amancebia de crentes e carismáticos, TFP e IURD mancomunados, para impedir que nós, gays, lésbicas, travestis e transexuais tenhamos o que Jesus Cristo morreu para garantir a todos os homens e mulheres de boa vontade: o direito a amar e ser amado.

Que nossa revolta contra estes novos inquisidores redunde em atos políticos eficazes: jamais engolir agressão de nossos inimigos religiosos, denunciar e processá-los quando violam nossos direitos constitucionais, exigir que respeitem os homossexuais presentes em suas próprias igrejas e que com o auxílio de bom psicanalista ou com uma boa trepada, soltem aquela bicha que todo homófobo insiste em manter acorrentada dentro de si. Aleluia!

[O medo de ser homossexual]

Costumo repetir que é preciso ser muito macho para ser bicha. Explico-me melhor: em nossa sociedade, tão marcada pela ditadura heterossexual, onde quem gosta do mesmo sexo é xingado, agredido, até assassinado, somente os mais fortes e que resistem mais bravamente ao heterrorsexismo é que conseguem suportar a opressão e aceitar o desafio de ser "anormal", de estar fora da norma dominante e à margem dos "bons costumes".

Mesmo aquela bichinha ultra-efeminada, toda molinha e de aparência frágil, analisando bem sua história, somos obrigados a concluir que ela é mais forte e corajosa do que muito machão troglodita, daqueles que gostam de dar porrada em mulher e viado. Forte por ter tido a coragem de desafiar tudo e todos, assumindo uma identidade "marginal", que, só de pensar, muita gente morre de medo. Forte por agüentar a pressão e opressão que diariamente todo mundo exerce contra ela, criticando, ridicularizando, querendo curar, jogando pedra ou querendo dar porrada. Forte ainda, dirão alguns com ironia, por ter força suficiente para agüentar picas gigantescas, pois não é qualquer um/a que possui cu e garganta com elasticidade e profundidade suficientes para engolir verdadeiros obeliscos...

Em suma, não é mole nem fácil ser gay, mesmo no mundo moderno onde já não existem as fogueiras da Inquisição. Isto porque há mais de 4 mil anos nossos antepassados vêm ouvindo e repetindo que "o homem que dormir com outro homem como se fosse mulher, deve ser morto a pedradas!" Mais ainda: padres, pastores, rabinos, médicos e psiquiatras se encarregaram de modernizar esta abominação do Antigo Testamento, rotulando gays e lésbicas de anormais, desviantes, descarados, neuróticos, infantilóides, tarados etc.

Pergunto: quem escolheria livremente ser rotulado e tratado como devasso, pervertido, pecador, imoral? Ou ouvir o pai ou a mãe dizer: "prefiro um filho ladrão do que viado!" ou "antes uma filha puta do que sapatão?" E as porradas que os gayzinhos mais efeminados levam em casa, dos colegas na escola, da Polícia na rua? E as vaias, piadinhas, humilhações, discriminações injustas quando procuram emprego ou simplesmente passeiam pelo shopping? E as caricaturas e palhaçadas que a televisão associa à figura dos gays? Vera Verão, *vade retro!*

Por todas estas razões o índice de adolescentes gays que se suicidam é três vezes mais alto do que os jovens heterossexuais. O gayzinho tem de ser muito forte para enfrentar e resistir à homofobia, esta terrível praga da intolerância que se espalha por todos os lugares, em todas situações do dia-a-dia. Daí a dificuldade e a resistência de tantos homossexuais aceitarem tranqüilamente e assumirem algo tão simples — que amam o mesmo sexo — mas que a ignorância e a ditadura heterossexista faz deste desejo tão inocente e legítimo um monstro de sete cabeças.

Este caso a mim relatado por um jovem bissexual baiano ilustra o que acabamos de refletir: Richard, hoje com 26 anos, poderia ser considerado à época um adolescente privilegiado — bonito, alto, classe média, inteligente e culto. Tinha uma fraqueza: era vidrado em sexo. Aos 13 descabaçou a namorada de 16 anos. Aos 18 casou com uma atriz, coroa fogosa de 38. Sexo todo dia, duas ou mais trepadas cada vez que iam para a cama. Certa ocasião seu primo mais velho convidou um barbeiro gay para cortar o cabelo dos dois em sua casa. Lá chegando, ficou cabreiro ao notar a exibição de um vídeo com filme pornô. Enquanto cortava o cabelo do primo, o barbeiro logo começou a apalpá-lo, transando em sua frente. Richard sentiu um misto de atração e repulsa. Também queria transar mas até aquele dia só tinha transado com mulheres e não sabia qual haveria de ser sua reação.

Após cortar-lhe o cabelo, o barbeiro repetiu o *script*: começou a passar a mão no seu sexo por sobre a calça, abrindo logo a braguilha para libertar aquela pica dura que latejava querendo sair. De pé, encostado na parede, Richard sentia calafrios, querendo muito, mas temendo ainda mais, aquela primeira vez que um outro homem o fazia perder a cabeça. A bicha era especialista na arte de chupar, e a profundidade de sua garganta foi o que mais chamou a atenção do jovem inexperiente, pois nunca mulher alguma havia engolido sua pica com tanto gosto e profissionalismo como aquele barbeiro gay.

(Faço aqui um parêntese: muitos homens dão o depoimento de que gay é quem gosta mesmo de chupar caralho, engolindo o ganso até o fundão da garganta, enquanto mulher se contenta em ficar mamando só a cabecinha...)

Richard resistiu por pouco tempo às lambidas e mamadas insistentes da bicha insaciável: mal enfiou três ou quatro vezes seu caralho latejante bem no fundo da garganta da criatura, não conteve a ejaculação: esporrou gostoso enquanto puxava a cabeça do rapaz para enfiar ainda mais profundamente sua espada goela abaixo do passivo. De olhos fechados, seu gozo foi uma explosão como se tivesse perdido o juízo, esquecendo-se de onde e com quem estava transando. As pernas tremiam tanto que por pouco não caiu no chão!

Mal terminou de soltar as últimas gotas de gala, que o gay lambia satisfeito enquanto também se masturbava de cócoras a seus pés, Richard levantou a cueca, vestiu a calça e só pensava numa coisa: fugir daquele antro de perdição!

Sentiu imediatamente uma dor de cabeça violenta, escapando do apartamento de seu primo sem olhar para trás, sem dizer qualquer palavra. Na rua, voltando para sua casa, além da insuportável dor de cabeça, uma idéia fixa o atormentava: será que eu sou gay? Será que vou me tornar igual às bichas e mariconas de quem todo mundo ri e quer dar porrada? Será que meu futuro é ser como aquela bichinha cabeleireira e amanhã serei eu a me ajoelhar aos pés de outros machos para chupar pica e engolir gala? E se a Aids me pegar?

Como Richard, milhares, milhões de jovens morrem de medo do homoerotismo. Sentem curiosidade e desejo de transar com outros homens, mas a falta de informação, a homofobia internalizada, o medo das conseqüências de uma transa homossexual, a repressão familiar, religiosa, escolar, na mídia, provocam reações e sentimentos contraditórios e muitas vezes, altamente neuróticos e destrutivos. Alguns destes jovens não se permitirão jamais experimentar o que tanto desejam, transformando suas fantasias homoeróticas em agressão contra os gays assumidos, descontando naqueles que foram mais corajosos e ousados, desfrutando de um prazer que eles próprios recalcaram. Quando muito se masturbam pensando nos corpos masculinos que não ousaram tocar, ou solicitando de prostitutas que enfiem objetos fálicos em seus ânus. Outros manterão relações extremamente neuróticas e quiçá agressivas com outros gays, culpando e castigando os parceiros e a si próprios por ceder a prazeres tão fortes e proibidos. Alguns entram em "pânico homofóbico" após terem cedido à tentação de transar com outro homem. Ou com outra mulher, no caso das lésbicas.

Uma minoria conseguirá vencer o medo e vai não apenas vivenciar deliciosas e repetidas relações homoeróticas, como há de construir sua vida como gay assumido e feliz. Para estes, que venceram o medo de se assumir e de ser reconhecido como homossexual, o futuro é muito mais promissor e alegre do que os que por medo, continuam presos ao preconceito e à homofobia internalizada, pois o medo escraviza, e a coragem verdadeira, liberta!

[Brasil: campeão mundial de assassinato de homossexuais]

É verdade mesmo que o Brasil, além de ser o maior país católico do mundo, é também o campeão internacional de homicídios de homossexuais. Entre 1980 e 2001 foram assassinados 2.092 gays, travestis e lésbicas — cifra muito superior às mortes violentas de homossexuais nos Estados Unidos, onde a população gay é três vezes maior do que a de nosso país. Estes números certamente estão muito aquém da realidade, pois como não há estatísticas de "crimes de ódio" no Brasil, tais cifras foram coletadas apenas em notícias divulgadas na mídia, devendo ser o dobro o número real de tais assassinatos.

Triste *record*: o país do carnaval e exportador de travestis para o Mercado Comum Europeu — nesta mesma terra, a cada três dias um jornal publica trágica notícia: mais um homossexual foi barbaramente assassinado — vítima da homofobia. Todo mês, de 10 a 12 mortes. Em 2001 foram executados 132 homossexuais, sendo 88 gays, 41 travestis e três lésbicas.

Por que são mortos tantos homossexuais em nosso país? Como interpretar tamanha crueldade?

Há explicações estruturais que têm a ver com nossa História. O Brasil é um país extremamente violento: vários linchamentos são cometidos todos os meses, balas perdidas e seqüestros viraram rotina, a tortura continua na ordem do dia, o envolvimento da polícia com a criminalidade nos deixa a todos inseguros.

Direitos humanos, aqui, ainda são coisa para inglês ver e para o presidente da República pavonear em suas viagens internacionais. Hoje, dizer que "ela é bonita, mas é negra" leva o "criminoso" direto para cadeia, crime inafiançável, mas nada aconteceu ao jornalista baiano que por duas vezes publicou no maior jornal do Nordeste, *A Tarde*: "Mantenha Salvador limpa, mate uma bicha todo dia!"

Há causas culturais que explicam tanta violência e assassinatos de homossexuais no país: por três séculos, até o tempo de nossos avós, a tortura e o espancamento eram práticas oficiais usadas pelos donos do poder para subjugar a "raia miúda" — pobres, gente de cor, despossuídos — inclusive as mulheres, crianças e adolescentes.

A ideologia de nossos antepassados foi fortemente influenciada pela Igreja Católica — que além de justificar a escravidão dos negros, a destruição das culturas tribais e a inferioridade da mulher, considerava o amor entre pessoas do mesmo sexo como "o mais torpe, sujo e desonesto pecado, pelo qual Deus envia à Terra inundações, pestes, secas, terremotos". O cardeal do Rio de Janeiro D. Eugênio Sales escreveu que a Aids foi castigo divino contra os homossexuais! Daí os sodomitas — ou melhor, os "fanchonos" — como nossas bisavós chamavam às bichas — passarem a ser tratados como os bodes expiatórios de todas as desgraças, sendo perseguidos, presos, espancados, condenados à morte nas fogueiras da Inquisição.

Quando alguém diz sem pejo "Viado tem mais é que morrer!", simplesmente, sem o saber, está repetindo a mesma ordem divina gritada nos púlpitos e palanques nos últimos dois mil anos: "o homem que dormir com outro homem deve ser apedrejado!", que poderia ser substituído por "morto a tiros", a maneira mais comum como os gays são executados hoje em dia.

Dois outros fatores explicam o *record* brasileiro no assassinato de homossexuais: a impunidade dos criminosos e a alienação dos próprios gays, lésbicas e travestis. Se a Justiça é lenta e omissa com a população pobre em geral, quando a vítima é um homossexual, o infeliz é sempre visto e tratado naturalmente como réu. Delegados que recusam-se a registrar queixa, policiais que fazem corpo mole e não investigam rigorosamente crimes homofóbicos, jurados e juízes machistas que vêem sempre o homossexual como sedutor, promíscuo e culpado.

A alienação dos próprios homossexuais é outro fator que explica a freqüência e os requintes de crueldade dos crimes homofóbicos: gays que se expõem a perigosas situações de risco, que curtem bofes do submundo, que levam desconhecidos para suas casas, que assumem posição de inferioridade perante o machão, que deixam de registrar queixa policial e denunciar quando vítimas de violência. Tal falta de consciência e auto-estima é cúmplice da homofobia e estimula, pela impunidade, a manutenção da pena capital: "viado tem mais é que morrer!"

Vislumbramos três soluções a médio e curto prazo para estancar este revoltante "homo-cídio": 1) educação sexual nas escolas, ensinando a todos os jovens que homossexual é ser humano, e a livre orientação sexual um direito inalienável de cidadania; 2) leis que punam exemplarmente os que violentam e assassinam gays, travestis e lésbicas; 3) campanhas de conscientização junto aos homossexuais para que gritem e reajam quando ameaçados ou agredidos, para que registrem queixa quando vítimas de qualquer preconceito e discriminação; para que saiam da gaveta e se assumam com orgulho e dignidade, mostrando à sociedade heterossexista que "gay tem mais é que viver" pois cidadania é direito de todos, e que somos da mesma estirpe de Miguel Ângelo, Santos Dumont, Imperatriz Leopoldina, Elton John, Renato Russo, Cássia Eller, Mario de Andrade, Mazzaropi etc. etc...

[Pânico homofóbico]

Tenho vergonha, raiva e nojo de viver num país onde os donos do poder — os políticos, os militares, os chefes religiosos, até alguns intelectuais de esquerda — todos se juntam num abominável "*sabat*" — aquele famigerado conventículo de demônios fodidos — impedindo até hoje a aprovação do Projeto de Lei da ex-deputada Marta Suplicy, que regulamenta a parceria civil registrada entre pessoas do mesmo sexo.

Será que estes senhores de mente tão retrógrada e diabólica não percebem que estão repetindo exatamente a mesma atitude burra e desumana daqueles deputados que às vésperas da Abolição da Escravatura votaram contra o fim do cativeiro, mesmo sabendo que os últimos países escravistas do mundo, décadas antes de 1888, já haviam enterrado o regime servil e que inevitavelmente a escravidão teria de ser abolida?!

Os argumentos dos reacionários homofóbicos de hoje é o mesmo dos escravagistas do fim do século XIX: dar liberdade aos negros — e direito aos homossexuais de registrarem sua parceria — ameaça os sagrados alicerces de nossa sociedade. A alforria dos escravos — como a igualdade civil dos gays e lésbicas — levaria o Brasil ao caos e à ruína, mugem os conservadores de ontem e de hoje.

A História provou exatamente o contrário: após a Lei Áurea não houve qualquer comoção pública com a extinção do regime escravocrata. O mesmo se passou quando da oficialização do casamento civil no começo do século XXI — ocasião em que o papa chegou a ameaçar com a excomunhão quem se casasse no cartório civil. Idêntico pânico se alastrou quando da universalização do voto feminino e por ocasião da discussão da lei do divórcio. O fim do mundo não ocorreu com tais progressos civilizatórios.

Exatamente o mesmo há de suceder quando um dia for aprovada a parceria civil entre pessoas do mesmo sexo: a sagrada família, o matrimônio (e o patrimônio!) heterossexual, tudo vai continuar rigorosamente como era e vem sendo nas últimas gerações. A única mudança será que umas poucas centenas de gays e lésbicas irão ao cartório para assinar um documento através do qual passam a constituir uma sociedade civil, gozando de alguns benefícios conferidos aos casais heteros não casados: direito à declaração conjunta do imposto de renda, usufruto do INSS do (a) companheiro (a), direito à herança.

Às vésperas de uma das tentativas frustradas de votação deste projeto, em dezembro de 1997, os deputados do PFL receberam um documento secreto que informava que o Ministério da Justiça era contra o projeto "por conferir aos parceiros homossexuais os mesmos direitos assegurados aos heterossexuais". Dizia mais: que o Ministério da Previdência Social também se opunha ao projeto "por criar uma nova espécie de benefício previdenciário para dependentes fora do contexto da família".

Tais posicionamentos governamentais revelam o quanto a ditadura heterossexista é atrevida e poderosa neste absurdo país: direitos, só aos casais heterossexuais; benefícios, só à família heterossexual. Os homossexuais brasileiros continuarão a ser tratados — e pisoteados — como subcidadãos, diferentemente dos gays e lésbicas da Suécia, Dinamarca, Noruega, Islândia, Groenlândia, Holanda, Portugal etc., etc, cuja união civil é um direito legal e um sucesso social.

Verdade seja dita, a culpa não é só de nossos congressistas homofóbicos, mas sobretudo da "comunidade homossexual tupiniquim", pois se 1% dos 17 milhões de homossexuais brasileiros tivesse enviado uma simples cartinha aos parlamentares de seu estado cobrando voto a nosso favor, certamente tais políticos haveriam de pensar duas vezes antes de votar contra.

Se as bichas e os sapatões de Brasília e Goiânia e do resto do país tivessem enchido dez ônibus, estacionado em frente ao Congresso e rodado a baiana — certamente o carro de nossa História não teria parado neste infeliz quebra-mola. Verdade seja dita: 99,9% de nossas bichas e sapatas são alienadas, covardes e descompreendidas. Triste país! Se algum dia eu voltar a ser fisicamente ameaçado ou agredido devido à minha militância gay, contando que eu sobreviva!, juro que enfrento o inverno europeu, e peço asilo político na Holanda. E não me acusem de alienado ou oportunista, pois 22 anos de militância dando murro em ponta de faca não são 20 dias!

O que fazer — caso se confirme o aborto do projeto de parceria civil registrada? Continuar a luta! Batalhar para que seja apresentado o projeto da parceria civil quantas vezes forem necessárias, até ser aprovado. O divórcio demorou duas décadas até virar lei. Que meus netos ouçam o recado deste patriarca do movimento gay: não deixem a peteca cair!

Eis algumas estratégias de médio alcance:

Primeiro: vamos nos vingar dos nossos inimigos declarados — os deputados que votarem contra o projeto 1.151/95.

Vamos fazer o *"outing"* daqueles que praticam o homoerotismo secretamente — ou têm podridões denunciadas na mídia. Temos de pesquisar junto aos rapazes de programa, donos de boates e saunas gays, jornalistas etc., para descobrir os que têm comprovadamente práticas homoeróticas clandestinas — aí divulgar tais "segredinhos" pois quem goza debaixo do pano e condena publicamente merece desprezo e condenação.

Segundo: nas próximas eleições, temos de fazer propaganda contra os candidatos nossos inimigos, desmascarando seus podres, tirando votos de seus simpatizantes, impedindo que sejam reeleitos.

Finalmente, convencer nossos amigos gays e lésbicas que, por nossa leseira e alienação, perdemos uma batalha, mas a guerra continua, e que dependerá de nossa garra acelerar o carro de nossa História. Hoje, tristemente, nosso carro não passa de um camburão da Polícia ou um rabecão a caminho do cemitério, mas pode ser tão alegre e maravilhoso, como o ônibus cor-de-rosa da Priscila no deserto. Chegarmos ao arco-íris e sermos respeitados como cidadãos, só depende de nós!

[Hitler não era gay!]

Por que a suposta homossexualidade de Hitler causa tanta curiosidade no mundo, a ponto de um livro (*O segredo de Hitler: a vida dupla de um ditador*, de Lothar Machtan, tradução de Kristina Michahellis, Editora Objetiva, 352 páginas) sem provas definitivas, escrito por um autor menor, recém-lançado na Feira de Frankfurt, ter sua tradução publicada no Brasil na mesma semana?! Por que uma obra que se baseia apenas em depoimentos indiretos, em suposições e visão estereotipada da homossexualidade, sem prova definitiva, e que repete uma arenga já antiga, verdadeiro café requentado, de que Hitler teria sido homossexual, ganha tanto destaque na mídia internacional e nacional como se fosse grande e importante novidade?

A resposta para tanto sensacionalismo é uma só: homofobia, o ódio à homossexualidade. No fundo, a intenção do autor e a curiosidade malsã do grande público refletem o desejo sádico de demonizar ainda mais o amor homossexual, incluindo um dos maiores inimigos da humanidade nesta tribo maldita.

Seguindo a mesma linha de argumentos e metodologia deste pesquisador, e sendo ainda mais rigoroso, não há como negar que também foram praticantes do "amor que não ousava dizer o nome" Jesus Cristo e João Evangelista, o Rei Davi, George Washington, Santos Dumont e a Imperatriz Leopoldina, entre tantas outras celebridades — pois também sobre estes pairam a mesma fama e diversos indícios e sintomas e, nalguns casos, documentos e pistas mais sólidas e evidentes do que as apresentadas como indício da dupla vida sexual do líder nazista.

Para ser honesto e justo, já que segundo o escritor Machtan, Hitler teria "sublimado" suas práticas homoeróticas a partir dos 30 anos de idade — "estando" homossexual apenas dez dos 56 anos de sua vida, somos forçados a concluir que o ditador foi heterossexual 83% de seu tempo cronológico, e apenas 17% homossexual. E mesmo que tenha praticado homoerotismo, seria impróprio rotular Hitler de gay, pois cada vez mais, costuma-se distinguir, de um lado, os "HSH", ou seja, homens que fazem sexo com homens, sem identidade e afirmação homossexual; do outro, os gays que assumem sua homossexualidade.

Chamar Hitler de homossexual seria o mesmo que qualificar de heterossexual Luiz Mott, o autor destas linhas, homossexual assumido e líder do movimento gay, pois o fato de ter na juventude namorado uma meia dúzia de donzelas, noivado e casado legalmente com uma mulher, com a qual gerei duas filhas, não permite que me rotulem de heterossexual, posto que "optei", me auto-identifico e sou oficialmente reconhecido como homossexual. Com muito orgulho, diga-se *en passant!*

Assim sendo, não há como negar que Hitler era heterossexual, posto se auto-identificar e ser oficialmente reconhecido como heterossexual, tendo Eva Braun primeiro como amante, depois como sua legítima mulher. Quando muito, Hitler teria sido bissexual ou um "ex-homossexual" — "gay" jamais! — como eu próprio me considero um "ex-heterossexual".

O que se esconde atrás desta repetida tentativa de se homossexualizar Hitler (o próximo será Bin Laden!) é o desejo de associar homossexualidade à perversão, à marginalidade, à banda podre da humanidade. No sentido inverso, quando se apedreja a casa do líder gay da Bahia por ter divulgado pistas de que Zumbi dos Palmares teria sido homossexual, ou quando se heterossexualizam os poemas homoeróticos que Shakespeare escreveu para seu amante, o Duque de Southampton, o que está por trás da intolerância e destas adulterações históricas é o complô do silêncio da sociedade heterossexista — heterrorsexista! — que nega dignidade aos gays e lésbicas, insistindo em identificar homossexualidade como vício, desvio e perversão.

Hitler, que viveu 83% de sua vida como heterossexual, pertence à banda heterossexual! Dai aos gays o que é dos gays, mas, por favor, ó vós heterossexuais, tenhais a hombridade de assumir vossos iguais!

Post-Scriptum: uma semana após ter escrito este artigo, um jornal de São Paulo divulgou que "Bin Laden revela um narcisismo homoerótico". Minha profecia começa a se cumprir: querem jogar o odiado terrorista para o time das bonecas!

[VI]

[Movimento gay]

[Algo ornamento]

[Em defesa do homossexual]

Mais de uma vez tenho defendido o uso do termo "homossexual" e criticado aqueles que querem substituí-lo por homoerótico ou simplesmente aboli-lo. Volto à carga, esperando agora convencer os mais resistentes, mostrando que é politicamente muito mais correto continuar usando este termo que, além de universal e histórico, reúne todas as aspirações dos defensores dos direitos de cidadania deste segmento social.

Dois são os argumentos usados contra o uso da palavra "homossexual": 1º) que foi um termo inventado pelos médicos com o objetivo de patologizar a prática do amor entre pessoas do mesmo sexo; 2º) que qualquer rotulação sexual é uma camisa-de-força contra as ilimitadas nuances da sexualidade humana.

Começo pelo segundo argumento: querendo ou não, o ser humano, ao menos no Ocidente, necessita de rótulos para se situar no mundo — homem/mulher; branco/negro; adulto/criança; ateu/religioso; casado/solteiro etc., etc. Rótulos ou classificações ajudam-nos a afirmar nossa identidade pessoal, facilitam nosso processo de socialização e nos defendem contra eventuais opositores. Já que a luta de classes é uma realidade inegável, adotar livremente um rótulo é um ato de cidadania, prova de consciência e estratégia de sobrevivência.

Os critérios de classificação ou rotulação é que podem ser discutíveis, sobretudo se são impostos pelos donos do poder a fim de manter a galera dominada. A Inquisição portuguesa dividia nossa sociedade em cristãos-velhos, portadores de sangue puro, e os cristãos-novos, de sangue impuro. Os nazistas pretenderam ser "raça superior" e consideravam os não arianos "raça inferior". Rótulos abomináveis pois baseados em mentiras e visando a opressão, ambos redundando em massacres, tanto de judeus quanto de sodomitas, primeiro na fogueira, depois nos fornos crematórios. Não ocorre o mesmo com os termos homossexual, gay e lésbica, posto que foram inventados e aprovados pelos próprios interessados, os homossexuais.

No que se refere à sexualidade humana, desde priscas eras, homens e mulheres amantes do mesmo sexo se identificavam e foram identificados com rótulos específicos — entre os gregos, o amante mais jovem era o *erómenos* e o mais velho, *erastes*. Uma classificação neutra, que não ofendia, não segregava, mas que descrevia o papel de cada parceiro na interação sexual. Portanto, negar a validade de se auto-rotular ou adotar rótulos socialmente aceitos, equivale a negar o direito de milhares, milhões de seres humanos de se auto-afirmarem como diferentes: os negros conscientes querem ser vistos e tratados como negros; eu sou homossexual e quero ser visto e tratado enquanto homossexual.

Quanto ao termo homossexualidade ou homossexualismo, diferentemente do que Foucault, Peter Gay e vários outros autores escreveram, e que alguns militantes desinformados continuam repetindo, este termo não foi inventado por um médico com vistas a reprimir os praticantes do "amor proibido".

A verdade histórica já comprovada desde os inícios dos anos 80, e também por mim repetida há vários anos na mídia, é que o inventor do termo homossexual e homossexualismo não era um médico e sim um jornalista e advogado húngaro, Karol Maria Kertbeny, que escreveu este conceito pela primeira vez nos jornais em 1869. E por que motivo? Exatamente para lutar contra o parágrafo 175 do Código Penal Alemão, que condenava os praticantes do amor do mesmo sexo à prisão com trabalhos forçados.

Para proteger sua pessoa e conferir maior respeitabilidade à defesa desta minoria discriminada, Kertbeny usou o pseudônimo de Dr. Benkert, embora nunca tivesse sido médico. Aí está o erro de Foucault e de quantos criticam o termo homossexual como sendo uma invenção estigmatizante da classe médica. Há estudos cuidadosos que comprovam que Kertbeny era um militante pelos direitos dos homossexuais — embora ainda não se saiba se era ou não praticante do "uranismo", outro termo igualmente usado naquela época para designar nossos antepassados gays.

Quanto ao termo homoerótico — proposto por alguns como substituto do homossexual —, convém lembrar que este conceito, sim, foi inventado por um médico, também húngaro, Dr. Ferenczi e propagandeado no Brasil, e apenas aqui, por outro médico autodeclarado heterossexual, Dr. Jurandir Freire Costa, pernambucano residente no Rio de Janeiro.

Fico chocado em ver militantes gays entrarem nesta canoa furada de dois médicos que reduzem a homossexualidade tão-somente a momentos de atos eróticos. É expressa má-fé, ou quando menos, condenável miopia intelectual ignorar que para milhões de seres humanos que amam predominantemente ou exclusivamente o mesmo sexo, ser gay ou lésbica é muito mais do que transar de vez em quando com o mesmo sexo, implicando tal orientação sexual uma identidade, afirmação, estilo de vida e, por que não?, um projeto civilizatório alternativo, que podemos chamar de cultura homossexual.

Se, para alguns bissexuais ou homossexuais egodistônicos, a homossexualidade restringe-se a poucos instantes de relações homoeróticas, respeitamos o direito de estes indivíduos viverem no limbo, metá-metá, no pântano da indecisão.

Mas para nós, lésbicas e gays assumidos e militantes, ser homossexual é muito mais do que transar de vez em quando com bofes, michês e bofonecas mal-resolvidas: somos portadores de uma orientação sexual cuja causa ainda é desconhecida pelas ciências, e que no fundo, não nos interessa saber se manifestamos essa tendência existencial por influência genética, psicológica ou social, pois estamos contentes com nossa preferência sexual.

E caso pudéssemos escolher, hoje, conscientemente, a maioria de nós, homossexuais felizes, apesar de toda discriminação e homofobia de médicos e policiais, que não respeitam sequer como queremos ser chamados, escolheríamos com certeza ser homossexuais e não apenas homoeróticos ou nos perdermos no brejo dos desclassificados.

É legal ser homossexual!

[Dez verdades sobre a homossexualidade]

I. Ser homossexual não é crime

Esta é a primeira informação que todo mundo deve saber. Não existe no Brasil nenhuma lei que condene os gays, lésbicas e travestis. Ninguém pode ser preso por ser homossexual. Nem o Código Penal nem a Constituição Federal condenam a homossexualidade. O preconceito e a discriminação, sim, são proibidos pelas leis brasileiras. Se algum policial, autoridade ou qualquer pessoa insultar, agredir, prender ou discriminar você ou seu vizinho, por ser gay, lésbica ou transgênero, você tem de reagir e denunciar na delegacia mais próxima ou nas Comissões de Direitos Humanos, nos jornais ou junto ao grupo homossexual de sua cidade ou estado. E lembre-se: quem cala, consente. O grito é uma das armas dos oprimidos. Não consinta com discriminação alguma! É legal ser homossexual!!!

II. Homossexualismo não é doença

Muita gente ignorante afirma que todo homossexual é um doente físico ou mental. A Ciência diz o contrário: é normal ser homossexual. O próprio Freud, o Pai da Psicanálise, declarou: "A homossexualidade não é nada por que alguém deva se envergonhar.

Não é vício nem degradação. Não pode ser considerada doença!" O Conselho Federal de Medicina desde 1985 retirou a homossexualidade da lista dos desvios sexuais. Tanto as Ciências biológicas como as psicossociais confirmam: nada distingue um gay ou uma lésbica dos demais cidadãos, a não ser que os homossexuais amam o mesmo sexo, enquanto os heterossexuais preferem o sexo oposto, e os bissexuais curtem os dois sexos. Ser gay é saudável!

Segundo resolução do Conselho Federal de Psicologia (1999), ninguém pode ser obrigado a submeter-se a exames médicos ou tratamentos psicológicos visando mudar sua "orientação sexual". Castigar crianças ou adolescentes por manifestarem tendências homoeróticas é crueldade, vai contra o Estatuto da Criança e do Adolescente e fere um direito fundamental de todo ser humano: a livre orientação sexual. Como a homossexualidade não é crime nem doença, impedir alguém de realizar sua verdadeira orientação sexual é tirania, crueldade, abuso de poder e desrespeito aos direitos humanos fundamentais. Nunca pratique nem se submeta a esta discriminação. A Ciência e as Leis estão do lado dos homossexuais!

III. Homossexualidade não é pecado

Apesar de muitos pastores e padres condenarem o amor entre pessoas do mesmo sexo, Jesus Cristo nunca falou sequer uma palavra contra os gays e lésbicas. Quando algum crente disser que homossexualismo é pecado, desafie-o a mostrar nos Evangelhos qualquer condenação do Filho de Deus aos homossexuais. Jesus condenou, sim, os hipócritas, os ladrões, os mentirosos e intolerantes. Cada vez mais, importantes teólogos e estudiosos da

Bíblia confirmam que também os homossexuais foram criados por Deus, pois nasceram assim do ventre materno (Mateus, 19: 12). E que todas aquelas passagens bíblicas que são citadas contra os homossexuais, ou foram maltraduzidas ou mal-interpretadas.

Muitas religiões, desde o tempo dos gregos até os orixás, respeitam os homossexuais, abençoam suas uniões e têm inclusive divindades que praticam esta forma de amor. Se a tua religião discrimina os gays, caso você não consiga convencer seus líderes a respeitar os homossexuais como filhos de Deus, abandone e denuncie essa Igreja, pois ela desobedece a Constituição Brasileira e a Declaração Universal dos Direitos Humanos. A verdade está do lado dos gays e lésbicas: é a História que garante. "E conhecereis a verdade, e a verdade vos libertará!"

IV. A homossexualidade sempre existiu

Antes mesmo de ter sido escrita a primeira linha da Bíblia, já existiam documentos, no antigo Egito, com mais de dois mil anos antes de Cristo, que descrevem relações sexuais entre dois deuses e dois homens. O poeta Goethe dizia que a homossexualidade é tão antiga quanto a própria humanidade. Na própria Bíblia há exemplos de casos homossexuais, como a paixão arrebatadora do Santo Rei Davi por Jônatas.

Homossexualidade não é sinal de decadência, nem leva os povos à ruína. Prova disto é a Grécia clássica, que teve seu momento de maior glória e grandeza exatamente quando a homossexualidade era muito praticada e respeitada. Não há fogueira da Inquisição, nem pedrada do Levítico, nem Aids, que consiga acabar com o amor entre pessoas do mesmo sexo. O amor unissexual sempre existiu e nunca vai acabar. O futuro é nosso!

V. Todos os povos praticam a homossexualidade

Não foram os brancos que inventaram esta forma de amor. Quando os europeus chagaram no Novo Mundo encontraram aqui diversas tribos indígenas nas quais os gays eram muito numerosos e respeitados. Nossos índios chamavam os gays de *tibira* e às lésbicas de *çacoaimbeguira*. Em Angola os homossexuais eram chamados de *quimbanda* e na língua ioruba de *adé*. Na linguagem do candomblé os homossexuais são chamados *monas* ou *adofiró*. A maior parte das sociedades humanas do passado e do presente respeitam os homossexuais.

Segundo pesquisas antropológicas, 64% dos povos são favoráveis ao homoerotismo e 36% são hostis. Infelizmente fazemos parte desta minoria de povos que discriminam os homossexuais. Os cientistas deram um nome a esta aversão homossexual: HOMOFOBIA.

Homofobia é ódio ou intolerância à homossexualidade. É uma doença anti-social como o machismo e o racismo. Homofobia é doença que se cura com a informação e punição daqueles que desrespeitam os direitos humanos dos homossexuais.

VI. A homossexualidade é natural

Mesmo considerando a sexualidade humana como uma "construção social", já que durante muitos séculos chamaram erroneamente a homossexualidade de "pecado contra a natureza", consideramos politicamente correto afirmar que amor e sexo entre dois machos ou duas fêmeas também é natural, pois existem na natureza. Os animais também praticam o homossexualismo. Segundo a Zoologia, desde os percevejos até as baleias, passando pelos veados e rolinhas, em todo o reino animal, existem relações sexuais de macho com macho e de fêmea com fêmea. Portanto, dizer que a homossexualidade é antinatural ou vai contra a natureza, é ignorância. Dizer também que os homossexuais ameaçam a sobrevivência da espécie humana é burrice, pois há evidências históricas e antropológicas comprovando que mesmo naquelas sociedades ultrafavoráveis às práticas homossexuais, nem por isso tais povos sumiram do mapa. Exemplo entre os Etoros, nativos da Nova Guiné, povo cujos adolescentes são obrigados, durante anos seguidos, a praticar o homoerotismo, a reprodução da espécie jamais ficou ameaçada.

Mesmo liberando-se o homossexualismo, sempre haverá um número superior de pessoas que vão preferir o sexo oposto. O Relatório Kinsey descobriu que mais de 1/3 dos homens já tiveram ao menos um orgasmo com parceiros do mesmo sexo, embora os homens predominantemente homossexuais representem por volta de 10% da população do Ocidente. Portanto, no Brasil, devem existir mais de 17 milhões de homossexuais, população uma vez e meia superior aos habitantes dos sete estados da região Norte do país.

VII. A causa da homossexualidade é um mistério

Até hoje, por mais que se pesquise, ainda não chegaram os cientistas a uma conclusão definitiva para explicar a origem da homossexualidade. As teorias que tentaram explicar as causas da tendência homossexual por razões biológicas, genéticas, glandulares, psicológicas, sociais, todas são insuficientes e muitas vezes contraditórias entre si.

De certo só se sabe uma verdade: que o homossexual é tão normal como os demais cidadãos. Nada distingue o gay e a lésbica dos demais homens e mulheres, a não ser que os homossexuais gostam do mesmo sexo, e os heterossexuais não. E gosto não se discute!

Mais importante do que procurar as causas da homossexualidade, é buscar as causas da "homofobia" e lutar contra o preconceito e a discriminação anti-homossexual. As causas da homossexualidade são as mesmas da heterossexualidade, já que entre os humanos não é o instinto que determina a atração sexual, mas a preferência individual: tudo depende de gosto pessoal, de maior identificação com o objeto amado. Se todos gostassem só do azul, o que seria do cor-de-rosa? No mundo há lugar para todas as cores, por isto é que o arco-íris tornou-se o símbolo internacional do movimento homossexual. Viva a diferença!

VIII. Gay, travesti e bofe

Do mesmo modo como acontece entre os heteros, que incluem tanto o machão como homens delicados, também entre os homos há grande diversidade de comportamentos, estilos de vida e estereótipos. Ser gay não é sinônimo de efeminação, e nem toda lésbica é necessariamente mulher-macho.

Entre os homossexuais do sexo masculino há quando menos três grandes grupos: gays, travestis e bofes. Os gays, popularmente chamados de bichas ou entendidos, incluem os "enrustidos" (infelizmente a maioria), as "bichas fechativas" e os "assumidos".

Entre os assumidos, os "gays ativistas" ou "militantes": são aqueles que se organizaram em grupos para defender nossos direitos de cidadania. O autor destas linhas é o militante gay que há mais tempo permanece ligado a um grupo organizado, o GGB.

As travestis se vestem de mulher, algumas usam silicone ou hormônio para feminilizar seu corpo, a maioria vive de prostituição, outras fazem *shows* ou dedicam-se a profissões ligadas ao mundo feminino. As transexuais se consideram completamente do sexo oposto ao que nasceram, aspirando a realizar operação para mudança de sexo — cientificamente chamada de "transgenitalização".

Os bofes são rapazes que transam com os gays e travestis mas que não assumem a identidade homossexual: os rapazes de programa transam de vez em quando com gays enquanto os michês são profissionais do sexo.

Entre as lésbicas há as sandalinhas, *ladies*, sapatas, entendidas e sapatões. Um lembrete importante: a aparência externa não traduz necessariamente as fantasias e práticas individuais, pois há efeminados que não são gays e machões que na cama viram "bofonecas". Há muitos estilos de vida, várias formas de viver suas preferências sexuais. Todos têm direito de viver como querem, desde que respeitem o direito dos outros.

IX. Homossexualidade não é sinônimo de cópula anal

Muita gente tem medo de experimentar uma relação com o mesmo sexo porque imagina que sempre tem de ter um que come o outro, ou uma que domina a outra. Ledo engano. Tem muito gay que não gosta de dar nem de comer, mantendo relação frente a frente com o parceiro, sem essa de ativo e passivo, macho e fêmea. O sexo não tem sexo!

O ser humano não é regido pelo instinto, e sexo também é cultura, invenção, imaginação. É importante lembrar que o sexo não se destina apenas à reprodução, mas ao prazer, à união, ao amor e à amizade entre os amantes, seja de que sexo forem. Se para a reprodução é necessária a penetração, para o amor, não. E com o aparecimento da Aids, é preciso estar bem informado sobre algumas verdades relacionadas ao homoerotismo. Primeiro: a Aids não é uma doença de gays, pois surgiu entre os heterossexuais e pode pegar em qualquer pessoa. Segundo: a Aids só se transmite através do sangue, do esperma e das secreções vaginais, de modo que em qualquer relação sexual deve-se evitar que tais líquidos — o esperma, o sangue e as secreções vaginais — entrem no seu corpo ou no corpo do parceiro. Penetração, só com camisinha! Pode-se praticar o "sexo mais seguro" evitando a troca destes líquidos.

X. Homossexuais célebres

Os donos do poder sempre procuraram destruir a história dos oprimidos como uma forma de impedir que imitassem seus heróis, tivessem orgulho de sua condição e reivindicassem igualdade de direitos. Os negros têm seus ídolos, as mulheres seus modelos. Também nós, gays, transgêneros e lésbicas, temos muitos iguais a nós de quem nos orgulharmos.

Uma das provas mais evidentes de que a homossexualidade não é doença ou algo desprezível, é a quantidade de celebridades na história humana que foram praticantes deste amor tabu. Mesmo vivendo em épocas em que o homossexualismo era castigado como crime, ninguém conseguiu destruir a paixão de ilustres homoeróticos. Eis uma lista de apenas 10 homens célebres que amaram o mesmo sexo: Sócrates, Alexandre Magno, Leonardo Da Vinci, Miguel Ângelo, Shakespeare, Fernando Pessoa, Santos Dumont, Oscar Wilde, Pasolini, Renato Russo etc. Agora dez mulheres que amaram outras mulheres: Safo, Catarina da Rússia, Cristina da Suécia, Imperatriz Leopoldina, Eleanor Roosevelt, Marguerite Yourcenar, George Sand, Marlene Dietrich, Martina Navratilova, Cássia Eller etc.

Quantos artistas, cantores e cantoras, políticos, esportistas famosos, nossos contemporâneos, são reconhecidos como homossexuais? Que o exemplo destes gays e lésbicas célebres sirva de lição: é possível ser homossexual e tornar-se alguém respeitado, digno de admiração. Basta saber se conduzir com dignidade, desmascarar o preconceito, exigir respeito.

[Por que sou a favor do casamento de pessoas do mesmo sexo]

Escrevi este artigo ainda nos anos 80, muito antes do movimento homossexual assumir a batalha pela parceria civil registrada, num momento em que a maior parte dos militantes gays e lésbicas torciam o nariz contra a legalização do casamento entre pessoas do mesmo sexo. Hoje, depois que a Holanda aprovou lei que permite a todo cidadão se casar, independentemente de sua orientação sexual, continuo a defender a mesma plataforma, agora reforçada pelo exemplo pioneiro dos Países Baixos.

Sou da mesma geração dos Beatles, Caetano e Gil. Fui um pouco *hippie* como muitos jovens dos anos 60; fui um dos primeiros tupiniquins a furar a orelha durante a ditadura; casei-me com uma mulher por temer assumir a homossexualidade; desquitei-me após cinco anos e duas filhas. A partir de 1977 tornei-me o gay mais assumido do Brasil: em 80 fundei o Grupo Gay da Bahia, várias vezes por mês defendo os direitos dos homossexuais na televisão, nas rádios, em matérias de jornal. Já dei vários cursos e palestras sobre homossexualidade na maior parte dos estados brasileiros, enfim, sou militante gay 24 horas por dia e já por duas décadas sem férias nem descanso.

Apesar de identificar-me com a contemporaneidade (sou motoqueiro e apóio a Associação Brasileira de Antropologia quando defende a descriminalização da maconha e do aborto), ao advogar aqui o casamento gay, certamente os leitores mais modernosos vão me rotular de careta, retrógrado, burguês. Vou enumerar 10 razões que justificam minha convicção de que a legalização do casamento entre pessoas do mesmo sexo representa uma conquista importantíssima não só para a liberação homossexual, como também para a libertação sexual em geral, uma verdadeira revolução politicamente correta que deve ser abraçada por quantos defendam um mundo igualitário regido pelo amor e não pelo ódio.

E mais: embora devamos lutar pela aprovação do projeto de parceria civil registrada — iniciativa de nossa genuína Mulher Maravilha, a então deputada Martha Suplicy, vejo tal projeto tão-somente como primeiro passo rumo ao casamento total, pois nada, além do preconceito, pode afastar gays e lésbicas de se unirem em matrimônio até que o amor os separe.

1. NENHUMA LEI PODE DISCRIMINAR OS HOMOSSEXUAIS: se a Constituição Federal garante que somos todos iguais perante a lei, sem distinção de sexo, cor, raça, etc., por que só pessoas de sexos diferentes podem legalizar sua união civil? Não existe nenhuma explicação racional que justifique a proibição do casamento entre dois homens ou duas mulheres: só o preconceito e a ignorância impedem o acesso dos homossexuais a esta instituição. A lei deve ser igual em tudo para todos, caso contrário, voltamos à barbárie, na qual negros, mulheres, judeus, homossexuais eram tratados como criaturas de segunda categoria. Certo ou errado?

2. O EXEMPLO DOS PAÍSES MAIS CIVILIZADOS: nossos modelos culturais devem ser aqueles países em que os

direitos humanos são mais respeitados, onde gays e lésbicas são cidadãos plenos. A Dinamarca foi o primeiro país a legalizar a parceria civil entre pessoas do mesmo sexo; na Suécia, Noruega, Islândia e Hungria os homossexuais podem registrar no cartório um contrato de união civil, adquirindo praticamente os mesmos direitos que os casais do sexo oposto; o Parlamento holandês recentemente aprovou o casamento integral para os casais homossexuais, inclusive com o direito de adotarem crianças. Na França, o Parlamento oficializou o "pacto de solidariedade".

O mesmo não acontece na outra banda do mundo: Cuba, Irã e Iraque certamente vão demorar muito em aceitar este avanço nos direitos humanos dos países do primeiro mundo. Você decide de que lado ficar: apoiar a prisão pelo crime de homossexualismo no Irã ou estar ao lado do Primeiro-Ministro assistindo a um casamento de lésbicas em Estocolmo. Depende de nós pressionarmos os legisladores a fim de aproximar o Brasil dos padrões modernos de cidadania, concedendo a todos, independentemente do sexo, a igualdade de direitos civis, inclusive ao casamento.

3. UMA INSTITUIÇÃO PRATICAMENTE UNIVERSAL: agora falo como doutor em Antropologia. Centenas de sociedades, nos cinco continentes, ainda hoje reconhecem, ou reconheceram no passado, a legitimidade da união conjugal entre pessoas do mesmo sexo. Na África, inúmeras tribos permitem o casamento entre mulheres e outras, entre guerreiros; entre nossos índios Tupinambá, desde a época da Descoberta, há registro de mulheres que viviam como se fossem casal; os "*berdaches*" (índios travestis) da América do Norte eram disputadíssimos como esposas; o "Batalhão dos Amantes" de Tebas

era todo ele constituído de casais homossexuais. Enfim: não faltam exemplos etnográficos e históricos comprovando que o casamento de homens entre si, ou de mulheres entre si, é um traço cultural presente em todas as raças e etnias.

4. UM COSTUME ANTIQÜÍSSIMO: Goethe costumava dizer que a "homossexualidade é tão antiga quanto a própria humanidade". Parafraseio eu: o casamento homossexual é tão antigo quanto a própria humanidade, tanto que a primeira referência histórica ao homoerotismo liga-se a um casal divino: os deuses Horus e Seth, que viviam como se casados fossem. Entre os Hititas, há quase 4 mil anos, havia uma lei que autorizava o casamento entre dois homens. O historiador Boswell, da Universidade da Califórnia, descobriu que os rituais de bênção matrimonial entre dois homens são anteriores à própria sacralização do casamento heterossexual. Portanto o casamento gay não é invenção recente do primeiro mundo: trata-se de uma tradição antiqüíssima, tão longeva quanto o desejo de liberdade e a própria humanidade.

5. UMA ASPIRAÇÃO DE MUITAS LÉSBICAS E GAYS: com certeza não sou o único gay a defender a legalização das uniões entre homossexuais. Contam-se aos milhares os pares do mesmo sexo que procuram uma autoridade civil ou religiosa, ou realizam algum tipo de cerimônia para demonstrar publicamente que a partir daquela data, passam a constituir um casal ("caso", "casal", "acasalamento", "casamento", são derivados de "casa" = lar, família). No Brasil há registros de diversas travestis e lésbicas que forjaram documentos fingindo-se do sexo oposto, chegando a casar-se oficialmente: ao serem desmascaradas, sofreram

constrangimentos e sanções penais. Se o desejo de casar-se não é um delito, e se muitos gays e lésbicas aspiram ardorosamente a unir-se matrimonialmente, só o preconceito de religiosos fundamentalistas impede a realização deste sonho.

6. COM AS BÊNÇÃOS DE DEUS: o argumento de que defender o casamento gay provocaria grande indignação da Igreja católica não deve ser supervalorizado pois o Papa Pio IX condenou violentamente todos os que apoiassem o casamento civil, e a Igreja perdeu esta batalha; a Igreja também teve de engolir a legalização do divórcio e nos próximos anos acabará por aceitar a homossexualidade, o fim do celibato do clero, o sacerdócio feminino e até o aborto. Nos Estados Unidos e Europa, padres e pastores já abençoaram milhares de casamentos homossexuais; no Brasil, alguns terreiros de umbanda e certos pastores protestantes também já celebraram cerimônias unindo matrimonialmente gays e lésbicas. O GGB possui um manual para cerimônias de casamento entre homossexuais; os interessados que se candidatem! Eu mesmo já tive meu casamento com Marcelo oficializado por um pastor protestante.

7. ESTRATÉGIA ANTIAIDS: embora o casamento não signifique necessariamente fidelidade conjugal, este poderia ser um argumento do movimento gay para sensibilizar a opinião pública: legalizando-se a união entre homossexuais, certamente haveria mais gays monogâmicos, com menor número de parceiros e menor rotatividade sexual, auxiliando desta forma no controle da expansão do vírus da Aids. E de fato a experiência comprova que os "casos" homossexuais têm maior preocupação

em só praticar sexo sem risco exatamente para evitar a contaminação do parceiro, quando menos para não servir de prova material de uma infidelidade conjugal. Com o surgimento da Aids o número de casais homossexuais fixos aumentou sensivelmente em todo o mundo.

8. SEGURANÇA SOCIAL E LEGAL: o reconhecimento legal do casamento entre homossexuais há de representar para o casal uma garantia recíproca idêntica aos benefícios do matrimônio heterossexual; benefícios do INAMPS e INSS, direito à seguridade social do parceiro(a), acesso a empréstimos conjugais, declaração conjunta de imposto de renda, direito a herança, etc. Quantos não são os "viúvos gays" que, ao morrer o parceiro, são despejados do imóvel comum, sem nenhuma possibilidade de recorrer à Justiça?! E já temos precedentes jurídicos para tal reconhecimento: no Rio de Janeiro, Rio Grande do Sul e Bahia, há casais homossexuais que foram reconhecidos juridicamente. Se às concubinas e amantes são garantidos direitos legais, por que não aos casais de lésbicas e gays?

9. AUMENTO DA RESPEITABILIDADE DOS HOMOSSEXUAIS: legalizando-se a união entre homossexuais, estaremos contribuindo decisivamente para destruir a imagem preconceituosa de que todo gay é promíscuo e incapaz de um amor verdadeiro. A inclusão de um parágrafo sobre casamento homossexual dentro das leis brasileiras e a simples participação de homossexuais assumidos em celebrações civis auxiliariam a quebra desse tabu e da ideologia homofóbica que ainda consideram os gays ridículos, caricatos ou desprezíveis. Lega-

lizar o casamento homossexual é portanto um passo importantíssimo para maior visibilidade e respeito aos direitos de cidadania dos gays e lésbicas. Negar esta evidência equivale a continuarmos na gaveta e na condição de subumanos.

    10. O DIREITO À FANTASIA: apesar de reconhecermos que em muitas partes do mundo o casamento tradicional esteja em crise, nada nos dá o direito de impedirmos que as pessoas que querem se "enforcar" assinem a certidão de matrimônio. Para milhões de seres humanos, o casamento tradicional, agora modernizado pela legalização do divórcio, é uma fonte de grande felicidade, amor recíproco, segurança emocional e material, etc. Por que negar aos gays e lésbicas tentarem a sorte nesta loteria? Quem somos nós para impedir aos homossexuais a fantasia de serem mais felizes unindo-se "de papel passado"?! Não custa nada tentar: quando o movimento lesbigay brasileiro conseguir a aprovação do casamento homossexual, só a experiência e o passar dos anos mostrarão quem estava certo nesta polêmica questão. Se provar que sua legalização foi um equívoco, lá estarão os novos militantes para anular esta lei. Negar esta experiência, sem tê-la oficializado, é intolerância, preconceito e discriminação.

    Estes 10 argumentos comprovam que a razão está do nosso lado. Aos que me contestem compete o ônus da contraprova. De minha parte, só tenho a desejar "felicidade às rolinhas..."

[Dia da consciência homossexual]

Todos os oprimidos têm um dia de luta: 8 de março, Dia da Mulher; 19 de abril, Dia do Índio; 20 de novembro, Dia da Consciência Negra. Faz sentido existir também um Dia dos Homossexuais? Sim! Os homossexuais também têm seu dia — 28 de junho.

Os gays e lésbicas representam mais de 10% da população mundial. No Brasil são mais de 17 milhões de seres humanos desprezados, discriminados, violentados, assassinados. Só nos últimos 20 anos mais de 2.000 homossexuais foram barbaramente executados, vítimas da homofobia — a intolerância à homossexualidade. A cada três dias um homossexual é assassinado no Brasil!

Por que tanto desprezo e violência? Simplesmente porque os homossexuais são considerados marginais, doentes, pecadores, e nossa sociedade cristã legitima o terror contra os gays, lésbicas e travestis. As causas da homofobia já foram detectadas pelos cientistas sociais: de um lado a mentalidade machista que confere apenas ao "sexo forte" a hegemonia social, relegando para a condição de subumanos quem não é macho: as mulheres, tornadas "sexo frágil", e o "terceiro sexo", os gays. Do outro lado, explica-se a homofobia pela reconhecida insegurança dos machões face à opção revolucionária dos gays, que vêem nos homossexuais perigosa ameaça à sua hegemonia, posto abdicarem do privilégio de dominar as fêmeas em função de viverem uma relação igualitária com outros machos.

A moderna Psicanálise ensina que todos aqueles que odeiam e querem a destruição dos homossexuais, no fundo, têm malresolvida sua própria (homo)sexualidade, vingando-se nos homossexuais egosintônicos devido a seus desejos homoeróticos reprimidos.

Os gays lutaram duro para ter um dia no ano. Tudo começou em 28 de junho 1969, em Nova York, quando os homossexuais, cansados de apanhar da Polícia, que toda noite invadia seus espaços de lazer, reagiram e ganharam a batalha contra a prepotência policial. Nos anos seguintes, os homossexuais do mundo inteiro adotaram 28 de junho como o "Dia do Orgulho Gay", hoje também chamado de Dia da Consciência Homossexual.

Nas principais cidades do mundo os gays, lésbicas, bissexuais, travestis, transexuais e simpatizantes enchem as ruas proclamando: É legal ser homossexual! Em S. Francisco, Nova York, nas principais cidades do Canadá, Austrália e da Europa, autoridades e políticos se juntam a milhões de homossexuais que saem às ruas para defender seus direitos de cidadania.

No Brasil, desde 1981 o Grupo Gay da Bahia comemora todos os anos esta data, assim como no Rio de Janeiro, S. Paulo e Curitiba. Mais recentemente, em São Paulo, ocorre a fantástica Parada do Orgulho de Gays, Lésbicas, Bissexuais e Transgêneros, que em 2001 reuniu mais de 250 mil participantes.

Foram necessários muitos anos de resistência, luta e contestação para que chegasse um dia, na década de 60, em que os negros pudessem declarar: "Negro é bonito!". Serão necessárias ainda quantas gerações para que todas as pessoas reconheçam que mulheres e homossexuais devem ter os mesmos direitos que os machões; que a cor escura da pele do índio ou do negro não implica inferioridade?

[Dia da consciência homossexual]

Não existe raça superior, não existe sexo superior, não existe sexualidade superior. Sexo é prazer, comunicação, vida. A livre orientação sexual é um direito inalienável de todo ser humano, seja homossexual, bissexual ou heterossexual. Ser homossexual não é doença: desde 1985 o Conselho Federal de Medicina e desde 1990 a Organização Mundial da Saúde excluíram a homossexualidade da classificação de doenças. Ser homossexual não é crime, e teólogos modernos defendem que o amor entre pessoas do mesmo sexo não é pecado. A discriminação, sim, é proibida pela Constituição.

O que querem os homossexuais? Nós queremos simplesmente ser tratados como seres humanos, com os mesmos direitos e deveres dos demais cidadãos. Queremos cidadania plena! Os gays não desejam mudar a orientação sexual de ninguém mas também não aceitam que queiram "curar-nos" ou "converter-nos" — do mesmo modo como os negros e índios lutam para que sejam respeitados na sua especificidade existencial.

Desde 1995, no Dia Mundial da Consciência Homossexual, em todo o Brasil, em dezenas de Câmaras de Vereadores, Assembléias Legislativas e em Brasília, são lidos discursos inspirados neste texto, rompendo a conspiração do silêncio e do ostracismo que até hoje paira contra mais de 10% de subcidadãos e subcidadãs homossexuais, cujo único "pecado" é amarem seus semelhantes.

Que chegue logo o dia em que não mais seja necessário que os negros, índios, homossexuais e mulheres tenham apenas um dia especial no ano para denunciar o preconceito e discriminação de que são vítimas. Que nos unamos contra o preconceito e a ignorância para que seja logo realidade o que nossa Constituição Cidadã prognosticou em seu Artigo 3º, parágrafos I e IV:

"Constituem objetivos fundamentais da República Federativa do Brasil construir uma sociedade livre, justa e solidária, promovendo o bem de todos, sem preconceitos de origem, raça, sexo, cor, idade e quaisquer outras formas de discriminação". Cidadania homossexual já!

[Os gays e a visita do papa]

Receberia de braços abertos o presidente da República a visita do chefe supremo de uma importante religião mundial que declarasse: "O judaísmo é intrinsecamente mau!"? Qual a reação da população negra frente a um sumo pontífice que tivesse afirmado: "a religião negra constitui depravação grave!"? Com certeza os protestos e artigos nos jornais seriam tantos que o abusado visitante pediria perdão por seus desatinos ou seria considerado *persona non grata* em nosso país. Jamais o Brasil receberia com honras oficiais a um fascista confesso.

Lastimavelmente, esta autoridade mundial visitou nosso país pela terceira vez — só que em vez de condenar judeus e negros, as vítimas de sua intolerância são mais de 17 milhões de gays, lésbicas e travestis brasileiros, culpados de um "pecado" abominável: são amantes do mesmo sexo.

Eis o que diz o mais moderno Catecismo da Igreja Católica, publicado em 1993: "O homossexualismo constitui depravação grave. Os atos homossexuais são intrinsecamente maus." Nesta linha de raciocínio (*sic*), a única solução para os homossexuais é a castidade, ou fazer como o teólogo Orígenes, nos primeiros séculos do cristianismo, que praticou a autocastração. Nem mudar de sexo a Igreja aceita, apesar de o Conselho Federal de Medicina ter finalmente aprovado a legalização das operações transexuais.

O porta-voz da última visita de João Paulo II ao Brasil (1997), D. Eugênio Sales, é o corifeu da tropa de choque dos conservadores da Igreja Católica. O mesmo ex-cardeal do Rio de Janeiro, que usa a mídia para diagnosticar a Aids como chicote de Deus contra a revolução sexual e que desacreditou os depoimentos de um padre e de uma freira quando denunciaram marcas de tortura dentro de uma igreja, quando há pouco um morro carioca foi invadido pelo Exército.

Em seu recente artigo "O fardo do homossexualismo", o anacrônico cardeal do Rio assume o absurdo machismo de seu Nordeste de origem, puxando a orelha da imprensa por ter dado destaque à 17ª Conferência da Associação Gay e Lésbica Internacional (Rio, junho/95), protestando igualmente pela presença de um casal gay numa telenovela, a primeira vez que a mídia dá um tratamento digno ao homoerotismo. Diz o cardeal: "Uma visão nítida do homossexualismo nos leva a reconhecer seu aspecto gravemente negativo. Jamais poderemos aprová-lo. Será sempre um fardo, como um defeito físico."

Infelizmente a condenação vergonhosa de Galileu, há trezentos anos, ainda não foi suficiente para que a Santa Madre Igreja aceite a revelação que o Espírito Santo faz através dos diferentes ramos da Ciência, que unanimemente comprovam ser um erro e falta de humanidade classificar a homossexualidade como depravação, intrinsecamente má ou defeito físico. Não foi o próprio Cristo quem disse: "Muitas coisas ainda tenho a dizer-vos mas não as podeis suportar agora. Quando vier, o Espírito da Verdade ensinar-vos-á a verdade." (João, 16:12) Eis chegado este novo tempo!

Não é uma verdade incontestável hoje que as mulheres devem ser tratadas com os mesmo direitos que os varões, realidade impensável no tempo do Cristo? Quem está certo: a Santa Inquisição que teima em rotular a homossexualidade de defeito físico ou a Organização Mundial de Saúde e os Conselhos Federais de Medicina e Psicologia que garantem que nada distingue, em termos de normalidade, um hetero de um homossexual?!

E do mesmo modo como a sociedade brasileira se abre cada vez mais ao pluralismo racial e cultural, aceitando judeus e negros, protestantes e comunistas, como filhos da mesma pátria mãe-gentil, com iguais direitos de cidadania, pesquisas revelam que lamentavelmente os chefes da Igreja Católica continuam distantes do povo ao considerar como pecado mortal o uso da camisinha, a pílula, o divórcio e o amor entre pessoas do mesmo sexo.

Plebiscitos realizados nos últimos anos pelo Grupo Gay da Bahia e pelo Grupo Dignidade do Paraná — englobando um total de 3.129 respostas à pergunta "Você é a favor ou contra que o casal gay da novela *A próxima vítima* (TV Globo/1997) continue junto?" produziram os seguintes resultados: em Salvador, 65% dos entrevistados apoiaram o casal homossexual, enquanto em Curitiba chegaram a 74,5% os que concordaram com o amor entre Jefferson e Sandro. Os paranaenses foram ainda mais modernos: 77,3% acharam que o gay-negro, que está em dúvida quanto à sua orientação sexual, deveria mesmo assumir seu homoerotismo. Na Bahia, as mulheres (68%) demonstraram maior aceitação à liberdade homossexual do que os homens (62%), sendo que as universitárias e mulheres entre 21 e 30 anos constituem o grupo mais tolerante: 76% discordam do papa e do cardeal quando rotulam o amor unissexual como intrinsecamente mau ou defeito físico.

Assim sendo, a visita de um chefe religioso e as declarações de seu cardeal porta-voz jogando lenha na fogueira do preconceito contra mais de 10% de nossa população são uma afronta à nossa Carta Magna, que estabelece entre os objetivos fundamentais da República "erradicar e reduzir as desigualdades sociais e promover o bem de todos, sem preconceitos e quaisquer formas de discriminação". (Art. 3°)

Curioso que tão afrontosa visita tenha ocorrido no mesmo momento em que o Governo e todo nosso povo se mobilizaram para consagrar Zumbi dos Palmares como símbolo nacional da luta contra a opressão, daí termos chamado a atenção na mídia, na época, para que o direito de plena cidadania fosse estendido não apenas aos negros, judeus, mulheres e índios, mas também aos homossexuais, pois não é justo que só o racismo seja crime inafiançável enquanto os gays e lésbicas continuam a ser insultados como doentes e intrinsecamente maus.

Afinal, seria bem-vindo entre nós um representante de Deus que pede perdão aos negros, cientistas, protestantes, índios e judeus, mas que continua pregando o preconceito e a discriminação contra mulheres e homossexuais?

Numa época em que até países ultraconservadores como a Hungria e a Eslovênia já legalizaram o contrato de união civil entre pessoas do mesmo sexo, e em que a então deputada Martha Suplicy chegou a obter a adesão de mais de uma centena de parlamentares para incluir na Constituição Federal a expressa proibição de discriminação baseada na orientação sexual, a criação no Rio de Janeiro de um farisaico Grupo de Amigos para "curar" homossexuais é um crime tão hediondo quanto o racismo, pois nega aos gays e lésbicas o direito inalienável à sua identidade existencial.

[A queimação do Judas]

Homossexual alienado, popularmente chamado de bicha burra, é tão danoso que às vezes chega a ser pior do que os próprios heterossexuais homofóbicos. Muitos gays que atacam outros gays, que prejudicam a luta pela libertação homossexual, no fundo, infelizmente, eles próprios são vítimas da homofobia internalizada, daí serem inocentes úteis e cães de guarda da ditadura heterossexista.

Quando Clodovil vai no programa do Faustão para dizer que é contra o projeto de parceria civil para casais do mesmo sexo, argumentando que Deus criou o homem para a mulher... Quando Vera Verão personifica o que existe de pior na estereotipia da bicha maldosa: agressão à mulher, bicha-objeto, palhaça para fazer os heteros rirem... Quando Aguinaldo Silva constrói na novela dois personagens gays ultracaricatos, ridículos, sacos de pancada dos machões... Estas bichas horrorosas não merecem o nome de "gay", são uma vergonha para nossa classe, alienadas, inimigas do movimento mundial por dignificação dos homossexuais. Devem ser apontadas, vaiadas e execradas, do mesmo modo como os judeus não perdoaram seus irmãos que se venderam para os nazistas, ou os negros desprezam os afro-descendentes que negam a negritude. Estas infelizes criaturas ficarão nos anais da história como traidoras, vergonha de nossa classe.

Esta introdução justifica-se por um episódio recente em que se patenteou o quanto certas bichas são obtusas e, se não forem chamadas à razão, podem causar sérios danos à causa gay.

Este parangolé ocorreu na antepenúltima Quinta-Feira Santa do século XX: chegou-nos a notícia de que na principal área de lazer gay de Salvador — o chamado Beco dos Artistas, na rua ao lado do Teatro Castro Alves — um *pool* de bares predominantemente freqüentados por gays e lésbicas — estavam preparando um boneco a ser queimado, "e que o Judas deste Sábado Santo ia ser o Luiz Mott".

Leitor amigo: coloque-se em minha posição e se imagine sendo malhado e queimado por uma turba de homossexuais. Quais teriam sido seus sentimentos, emoções e reação?

Mesmo levando na esportiva e entrando no espírito folclórico da malhação do Judas, confesso que eu e meu companheiro Marcelo ficamos perplexos e revoltados, pois jamais esperaria receber como paga pelos 20 anos de militância em defesa dos direitos humanos dos homossexuais ter minha imagem associada ao traidor Judas e ser queimado exatamente por meus pares, os homossexuais.

Na véspera da propalada queimação, Marcelo foi ao Beco investigar e soube que aquele malfadado projeto fora abortado pois não contara com o apoio geral dos organizadores da festa do Sábado de Aleluia. Já tínhamos planejado um ataque de guerrilha surpresa ao local, no caso da confirmação do desaforo.

Soubemos então que a idealizadora de minha pena de morte e execução era uma bicha que estava revoltada por ter ouvido dizer que Luiz Mott declarou que Jesus Cristo também era homossexual...

[A queimação do Judas] **[263]**

Acompanhemos o que se passou no bestunto ("cabeça de curto alcance, estúpida") da bicha incendiária: Nosso Senhor Jesus Cristo só podia ser heterossexual, pois se fosse homossexual jamais teria sido o Filho de Deus e a divindade tão venerada.

Esta bicha internalizou de tal modo a homofobia dominante que considerou uma blasfêmia merecedora da morte na fogueira, um gay pecador ousar dizer que o estilo de vida de Jesus era muito mais próximo do universo dos gays do que do dos machões. E em vez de malhar nossos verdadeiros inimigos, por exemplo, o bispo de Maceió, que declarou que "casamento homossexual é uma cachorrada", ou o deputado Afanázio Javadzi, que disse na televisão que as bichas deviam ser exterminadas em campo de concentração, não, a estes a bichinha ignora e não malha, mas um ser humano com sua mesma orientação sexual, que luta 24 horas por dia denunciando a violência anti-homossexual, cujo grupo gay que fundou conseguiu que em Salvador a discriminação anti-homossexual seja legalmente punida com multa, a este gay, porque "blasfemou" dizendo que Jesus era gay como a gente, a mim a bicha quer queimar.

Não me queimaram, mas a emenda saiu pior que o soneto (embora a bicha estivesse mais para dança da garrafa do que para minuetos...).

Retado como sempre, o GGB mandou uma embaixada no Sábado Santo ao tal Beco para verificar *in loco* a veracidade da não-queimação da bicha fundadora da entidade. Qual não foi nossa surpresa quando nos deparamos com um Judas totalmente caracterizado com o estereótipo gay: maquiadíssimo, cílios enormes, batom rosa-shocking, camisa afrescalhada de seda, cintura de pilão e, se não me falha a memória, parece que estava até de salto alto e trazia uma camisinha na mão.

Repito a mesma baixa que dei pouco acima: tantos inimigos a serem queimados — os bofes metidos a macho que batem e matam os gays, os deputados que esculhambaram com o projeto da parceria civil registrada, os pastores que equiparam homossexualidade à possessão de pomba-gira — não, destes a bicha incendiária se esqueceu, preferindo queimar um gay anônimo, frágil, um ser andrógino. Sua culpa: ser homossexual!

A este tipo de comportamento Marx chamava de alienação, a falta de consciência pela qual a criatura — a bicha em questão — embaralha os cascos e deixa de entender a realidade, tornando-se agente da repressão e desprezando a si e à própria homossexualidade.

Infelizmente, mais uma vez comprova-se o erro do ditado "a voz do povo é a voz de Deus", pois se fosse verdade que "bicha burra nasce homem", ela teria nos poupado de tamanha imbecilidade naquele fatídico Sábado de Aleluia.

Em tempo: a meu ver, qualquer "queimação de Judas" é abominável, pois evoca a perseguição aos judeus durante a Idade Média e serve contemporaneamente para descarregar num bode — ou viado — expiatório, a raiva irracional que reforça preconceitos e desvia para o folclore, e às vezes para vítimas inocentes, sentimentos e insatisfações que deveriam ser canalizados para a contestação política e ações afirmativas em defesa dos direitos dos oprimidos.

Queimação de Judas?, tô fora!

[Desabafos de um lutador]

Cada vez que alguém divulga uma carta ou um artigo tecendo críticas à minha atuação como militante pelos direitos dos homossexuais e ativista na prevenção da Aids, tais críticas inevitavelmente me provocam certo mal-estar. Fico algumas horas, às vezes dias, chateado, dependendo da gravidade do ataque. Já houve vezes que minha pressão chegou a subir para 16!

Embora como qualquer outro mortal eu também cometa erros, e longe de mim me considerar o poço da sabedoria ou dono da verdade, o que me faz logo recuperar a tranqüilidade é que no mais das vezes, tais críticas não passam de equívocos. Ou pior ainda: muitas vezes, são maldade e tirania de pessoas muito menos envolvidas na luta, com muito menos trabalhos realizados do que eu, e que no fundo, morrem de inveja da minha liderança, garra e criatividade.

Querendo ou não e modéstia à parte, não sou nenhum menino para estar escrevendo e fazendo besteiras por aí, levando em conta meus 56 anos de vida, quase 30 anos de ensino universitário, autor de duas mil e tantas páginas publicadas em boas editoras, nos principais jornais e revistas do país e em alguns do exterior, fundador e animador de uma meia dúzia de grupos de defesa dos direitos humanos e Aids etc., etc.

Repito: não pretendo ser dono da verdade nem divulgo este resumido *curriculum* ou faço este desabafo como autopromoção:

[Crônicas de um gay assumido]

quero simplesmente chamar a atenção de que a maior parte das críticas que recebo não se sustentam logicamente, provêm de pessoas com curta experiência de militância e, pior, não oferecem alternativas melhores do que as que criticam.

Na Bahia há um ditado que diz: "A melhor resposta é a que não se dá." Não sei qual a origem desta sentença, se européia ou africana. Não comungo desta opinião: dou sempre o troco, às vezes consumindo parte da boiada para resgatar a verdade relativa a apenas um boi, ou um viado, para ficar mais dentro do assunto.

Respondo sempre às críticas por duas razões: em respeito aos meus leitores e dos muitos que acreditam e apóiam meu trabalho e que têm direito a saber minha versão do que muitas vezes foi distorcido e alvo de aleivosia; segundo, porque tenho um compromisso pessoal com a verdade e a honestidade, e não há nada que me revolte mais do que a mentira e a injustiça, inclusive quando a vítima sou eu mesmo. Há ainda mais uma razão que me leva geralmente a responder a quem me critica: minha preocupação com a História.

Costumo dizer que sou historiador do presente e antropólogo do passado, ou simplesmente, etno-historiador, e nos muitos anos de minha vida que passei lendo papéis velhos nos arquivos, resgatando a História e escrevendo livros e artigos sobre os oprimidos — negros e escravos; índios do Nordeste; mulheres pobres; sodomitas, travestis e lésbicas do passado e do presente —, sempre me defrontei com a intrigante questão: quem estará dizendo a verdade?

Na maior parte das vezes, a verdade está do lado do mais fraco, mas alto lá: nem sempre! Do mesmo modo como muitas vezes a *vox populi* não é a *vox dei*, assim também ocorre que o povão erre, que os oprimidos entrem em becos sem saída e canoas furadas. Portanto, é também para facilitar o trabalho dos futuros historiadores, que assumo: deixo muitas pistas, documentos, depoimentos e respostas que auxiliarão os estudiosos a destrinçar estas brigas, rachas, intrigas, acusações, tiranias, calúnias e acusações, verdadeiras ou não, que fazem parte inevitável do dia-a-dia do gay mais visível e visado do país, e que já foi chamado nos jornais de "Bicha Mor da Bahia", "Travesti Repelente", "Coronel", "Rei dos Gays", "Xerife do Movimento Homossexual Brasileiro" etc.

Tal qual Napoleão, que dizem que tirou a coroa da mão do Papa e se autocoroou, o único título que me autoconferi e espero nunca trair, é o de "Decano do Movimento Gay Brasileiro" — pois decano significa simplesmente "o mais velho ou antigo de uma classe" — e, que eu saiba, sou o gay que há mais tempo e *full-time* continua engajado num grupo organizado de luta pelos nossos direitos, sem tréguas nem interrupção.

Aproveito portanto este momento e espaço para aqui, tendo os leitores como testemunhas, fazer meu testamento público: eu, Luiz Mott, RG. 2.537.001, SSP/BA, quero que, após minha morte, a quarta parte de meus bens sejam doados ao Grupo Gay da Bahia, como prova de minha confiança e homenagem aos muitos militantes que formei e que manterão acesa esta mesma chama que deu vida, luz e brilho a tantos homossexuais, e que às vezes por seu calor e intensidade, chamusca as pontinhas das asas e o bestunto das mariposas mais tresloucadas...

Não há dúvida que é por ser um homem de opinião e um gay retado que atraio críticas. Algum pensador já disse: "Pessoas de opinião sempre se dão mal." Prefiro enfrentar as tempestades (às vezes armadas num copo d'água!) do que engolir sapos venenosos e ser mal interpretado ou caluniado. Os elogios, vitórias e prêmios, poucos comentam e aplaudem: certamente serão lembrados no discurso na hora do meu enterro e nas biografias laudatórias *post-mortem*. Se nem aí se lembrarem, prometo vir puxar o pé destes relapsos!

Espero contudo viver ainda muitos anos para testemunhar maiores e mais numerosas conquistas em prol da cidadania gay e lésbica; conto ter energia, saco e tempo para com argumentos convincentes desmascarar as tiranias dos que só sabem criticar em vez de juntar forças para lutar contra nossos verdadeiros inimigos e se esquecem que graças à coragem de homossexuais como João Antônio Mascarenhas, Trevisan, Glauco Matoso, Brenda Lee, Mott, Veriano, MacRae, Mariza Fernandes, Tosta, Rosely Roth, Paulo Bonfim, Beloqui, e outros dinossauros, que por nossa garra, persistência e devoção, abrimos espaço para que alguns destes críticos possam hoje escrever cartas abusadas para revistas gays dizendo com a boca cheia: "Sou traveco, trava, travelô..."

[VII]

[Homoerotismo]

[Homoerotismo]

[A arte de comer o cu]

Todo mundo conhece aquela história do sabonete caindo no banheiro cheio de homens nus tomando banho — e a cena de quando o inocente bofinho se abaixa para pegar seu rexona... bimba! O garanhão mais próximo enraba o descuidado banhista!

Certamente deve haver muito menino e rapazinho que acredita na veracidade desta cena e na ameaça potencial representada por uma ducha coletiva em vestiários de piscina ou clubes esportivos. Com tantos anos de contato social e íntimo com gays de todo tipo, jamais encontrei a folclórica bicha-rexona, embora várias tenham tentado aplicar o golpe do colgate-palmolive para ver se rendia alguma novidade. Debalde!

Há dois antropólogos estrangeiros, Peter Fry e Richard Parker, que defendem a teoria de que o brasileiro é por excelência um bissexual — que gosta mesmo é de meter, seja na vagina, na boca ou no cu, não prestando muita atenção no sexo de seu objeto sexual. Assim, num destes chuveiros coletivos, a bunda empinada do parceiro ao pegar o sabonete no chão seria uma tentação irresistível ao brasileiro comilão — cena digna de ganhar o "troféu sabonete de ouro", seja nas "pegadinhas do Faustão" ou na "banheira do Gugu"... (Nota explicativa para os leitores do terceiro milênio: estas duas expressões entre aspas referem-se a quadros cômicos em programas de televisão muito populares no Brasil nos finais do século XX.)

Eu pessoalmente tenho minhas dúvidas quanto a esta suposta generalizada bissexualidade de nossos patrícios — ou melhor, esta preferência nacional pelo bumbum, dúvida antiga reforçada pela citada pesquisa sexológica da *Folha de S. Paulo* ("Perfil sexual do brasileiro"), segundo a qual apenas 30% dos nativos da Brasilândia praticam sexo anal.

Apesar de se dizer que "de graça, o brasileiro aceita até injeção na testa", mesmo descontando o aumento do medo do sexo anal depois da pandemia da Aids, na minha opinião, nem todo macho brasileiro gosta e sabe como comer o rabo alheio.

Certa vez ouvi um jovem caiçara em Ilha Bela, no litoral paulista, dizer para o outro "quem come cu come merda!", resumindo o nojo que muitos homens sentem pela cópula anal, imaginando que toda penetração pela traseira implica sujar o pênis com excrementos. Ledo engano: incontáveis homens e mulheres que costumam dar o rabo têm hábitos de higiene que garantem penetrações múltiplas sem qualquer cheiro ou marca fecal. Como me disse certa vez Renato, um jovem e belo negro baiano: "Lavo tão bem lavado meu cu, que fica alvinho, alvinho!" E é verdade: há cus tão bem lavados que convidam ao chamado "beijo negro" — outro preconceito racista, associar a anilíngua à negridão!

O mais gozado nesta história de beijar o cu é que tem homem que jamais daria um beijo na boca de um gay, mas não resiste à tentação de chupar o cu da bicha. Encontrei um que me disse que conseguia enfiar a língua toda no cu de seu parceiro: língua dura assim é raridade.

Nem todo homem conhece os segredos do cu e fica imaginando que a cópula anal implica sempre misturar sua genitália com as fezes do parceiro(a). Daí o medo de muitos de que se cumpra o ditado preconceituoso: quem come cu come merda. Na gíria popular gay, "passar cheque" é quando sucedem alguns destes acidentes de percurso — ficando o pênis sujo de fezes, reservando-se o neologismo "passar fax", para quando foi a camisinha que ficou melada com esta malcheirosa matéria do passivo. Não há gay que nunca em sua vida tenha vivenciado alguma dessas situações um tanto constrangedoras, seja passando ou recebendo um fétido cheque ou fax: ossos do ofício.

Tanto Javé, o deus judaico-cristão que condenou à pena de morte os praticantes da sodomia, como a maioria dos mortais, abominam a nefanda mistura do pênis e esperma com matéria fecal. Não obstante, como é do conhecimento público, há muita gente que gosta e curte tal experiência — rotulada pelos sexólogos de escatofilia — o gosto pela merda. O Marquês de Sade que o diga!

Inúmeras profissionais do sexo, prostitutas e travestis, contam de clientes que são aficionados por esta modalidade de prazer. Tem gosto para tudo neste mundão de meu Deus e desde que tais fantasias sejam realizadas com consentimento mútuo, quem não gosta não tem por que pichar o gosto alheio. Como diz o ditado popular: "Quem ama o feio, bonito lhe parece!"

Volto ao tema: na minha opinião e experiência, a maior parte dos machos têm medo e não sabem como comer um cu. Meter numa vagina é muito mais fácil, pois esta rachadura feminina está praticamente aberta para receber a vara do varão. É como uma boca, com seus pequenos e grandes lábios, sequiosos de engolir um picolé de carne. Isto, apesar de Freud dizer que há muitos homens que têm verdadeiro trauma e pavor do que chamou de "vagina dentada", temendo que ao meter seu falo vulva adentro, dentes afiados e pontiagudos poderiam triturar ou decepar o seu insubstituível troféu.

O cu, ao contrário da vagina, oferece muito maior resistência para ser penetrado. De uma parte pela musculatura natural do próprio ânus que tem forte capacidade de contração, fechando hermeticamente o fiofó. De outra parte, há de se considerar os mecanismos psicológicos decorrentes da rejeição da relação anal, estigma passado de geração em geração por milhares de anos, considerando a sodomia *per annum* pecado moral, crime hediondo e nefanda abominação.

A falta de experiência e ousadia do homem muitas vezes frustra a tentativa de quem quer dar seu cu, pois o bofe fica tentando meter a seco, sem endireitar a pica com a mão, e o que sucede no final é o fiasco: o pau amolece e o tesão vai para o brejo.

Este seria um dos fatores que inibiria certos homens em penetrar por via anal, inibição que pode chegar a afetar o próprio tesão do candidato, que na hora de mostrar seu vigor, simplesmente não tem força suficiente para vencer o esfíncter retal — que segundo podemos ler num provocativo artigo do Doutor Flores, geneticista da Universidade Federal do Rio Grande do Sul, é um músculo tão forte e resistente, que dificilmente se deixaria penetrar por membros indesejados.

Uma das regras elementares para quem quer comer um cu é primeiro cutucar o dito cujo: cutucar é mais sutil e delicado do que futucar — é bulir devagarinho, ir apertando as bordas do lado, pressionar levemente o centro até sentir que o cu deu aquela fisgada como se estivesse dizendo que está a fim de algo mais consistente — o caralho.

[A arte de comer o cu] **[275]**

Nestes prelúdios duas regras são indispensáveis: unha curta e lubrificante. Não há cu que agüente o indivíduo metendo o dedo com a unha grande, pois, além de doloroso, pode ferir a mucosa anal. Não é à toa que as lésbicas (e as freiras!) mantêm as unhas bem cortadinhas. Portanto, lá vai um ditado que acabo de incluir no elucidário gay: "Unha de gavião não tem vez na arte da cutucação."

Segundo provérbio: "Mesmo só para bolinar, sempre se deve o cu lubrificar." Seja com saliva, óleo, lubrificante à base de água (o único apropriado para camisinha), o certo é que um liquidozinho sempre facilita a penetração. No Brasil só existe um lubrificante à base de água, o K-Y, ótimo para todo tipo de jogos eróticos. Cuspe também pode quebrar o galho.

Outra regra para bem comer uma "rosca" é ir metendo de acordo com o gosto do doador ou doadora. Minha experiência comprova que em matéria de analidade, os gostos são variadíssimos — e gosto não se discute! Tem bicha que só se satisfaz com pica gigantesca, tamanho jumento: minha amiga Glô, que só transa com negão desmarcado, garante que pica fina fere o reto. Se o negão é *mati-mati* ("miudinho", em gíria gay-nagô), ela dispensa.

Outras valorizam mais a grossura, pois gostam de sentir a manjuba bem arrochada no canal. Existe porém unanimidade entre a turma das "engole-gansos": delicadeza no início da transa sempre faz bem! O bom é ir metendo devagarinho, com bastante lubrificante, até que os músculos se relaxem e acostumem com a invasão daquele picolé de carne. Só então, depois de algum tempinho, é que o caralho deve começar a "madeirar" — entrando e saindo, dando empurrões bem lá no fundo, pondo e tirando, metendo de vez, metendo pra foder.

Querer meter de vez logo no primeiro minuto pode ferir, doer, e o passivo ficar pouco relaxado para receber a estrovenga inteira. Aí a relação anal pode se tornar impossível, pois um pouquinho de dor até dá pra erotizar, mas dor muito forte afasta o tesão. É nestes casos que se aplica o ditado popular: "Quem tem cu, teme."

[Homoerotismo lésbico]

Algumas leitoras me criticarão por ter dedicado neste livro apenas duas crônicas às lésbicas. Tenho um álibi poderoso: já dei minha contribuição fundamental às "entendidas". Modéstia à parte, sou autor do principal livro nacional sobre esse tema: *O lesbianismo no Brasil* (Editora Mercado Aberto, Porto Alegre, 1988). São 200 páginas em que reconstruo a história das principais lésbicas de nossa História: desde as amazonas Tupinambá, passando por Maria Quitéria e pela Imperatriz Leopoldina, chegando até ao movimento lésbico contemporâneo, incluindo informações sobre artistas e intelectuais lésbicas infamadas ou assumidas. No livro há também referência às principais páginas de nossa literatura consagradas ao amor entre mulheres, incluindo depoimentos do difícil dia-a-dia de lésbicas de todo o Brasil, vítimas do preconceito e discriminação.

Ao falar do amor entre mulheres, um primeiro aspecto deve ser logo solucionado: como chamar as mulheres que amam e sentem atração por outras mulheres?

Há uma corrente de militantes que consideram o termo LÉSBICA e LESBIANISMO como os únicos politicamente corretos. As mais radicais não toleram ser chamadas de homossexuais femininas. Outras, sobretudo as mais populares, não suportam o termo lésbica, considerando-o muito forte, quase um xingamento, difícil de pronunciar, engasgando quando pronunciam "lébisca" ou até "lesbisca", como já ouvi mais de uma vez.

Não há portanto consenso quanto a esta questão terminológica: que as lésbicas são homossexuais, não há como negar, pois "homossexual", segundo os dicionários, significa alguém que faz sexo e ama o mesmo sexo, sejam dois homens ou duas mulheres entre si. Portanto, o termo homossexual feminina é científica e etimologicamente correto. E mais um esclarecimento: negar o vocábulo homossexual sob o pretexto de que seria um termo inventado pelos médicos para classificar e reprimir os (as) amantes do mesmo sexo, é fazer crítica sem fundamento científico, pois já mostramos que o inventor do termo homossexual foi um militante dos direitos das minorias sexuais, o jornalista e advogado húngaro Karol Maria Kertbeny — embora assinasse seus artigos como Dr. Benkert para dar maior respeitabilidade à sua cruzada humanitária.

Há muitas lésbicas que se auto-identificam como "gays" — entre elas Marina Lima, Martina Navratilova e recentemente a badalada apresentadora de televisão Ellen DeGeners, que declararam na imprensa que eram "gays". Entre nós, muitas lésbicas preferem o termo "entendida", embora popularmente os termos mais comuns para se referir (pejorativamente) a uma lésbica sejam: sapata, sapatilha, sapatão, sapatona, mulher-macho, *lady*, paraíba, caminhoneira, bolacha, fanchona, saboeira, roçadeira, etc. Cássia Eller, de saudosa memória, assumia publicamente transar com mulher, sem contudo utilizar o termo politicamente correto "lésbica".

Entre os índios Tupinambá — onde havia muitas mulheres que assumiam papéis do gênero masculino, indo à guerra, caçando e mantendo outras mulheres como se fossem marido e mulher, tais "amazonas" tinham um nome complicado: "*çacoaimbeguira*". Em linguagem de candomblé, as lésbicas são chamadas de "*aló*"

— alusão a duas pedras que eram usadas tradicionalmente para ralar ou moer grãos e sementes. Aliás esta é uma idéia comum que vem se repetindo há milênios no mundo ocidental: a de que a sexualidade lésbica restringe-se ao esfrega-esfrega da genitália — popularmente chamado de "briga de aranhas".

Em Roma chamavam às amantes do mesmo sexo de "fricatrix" — por imaginarem que apenas friccionavam seus lábios vaginais. Na Grécia, onde viveu a mais famosa homossexual feminina de todos os tempos — a poetisa e pedagoga Safo de Lesbos (que segundo consta fora antes casada e mãe de um filho na juventude) —, chamavam ao amor entre mulheres de "tribadismo" — isto é, mulheres que se esfregam. Os nossos termos populares saboeira, roçadeira, rala-coco, *aló* — refletem essa mesma idéia de que o lesboerotismo se reduziria apenas à briga de aranhas. Afinal, no homoerotismo lésbico predomina ou não o rala-rala?

Antes de dar a palavra às próprias lésbicas para nos informar sobre suas preferências eróticas, um recuo na História pode nos ajudar a melhor entender esta questão. Segundo é do conhecimento dos historiadores da sexualidade antiga, só nas últimas gerações é que o sexo oral começa a ser praticado com maior freqüência, seja na relações hetero seja nas homossexuais, pois nossos antepassados europeus, diferentemente dos índios do Brasil, apenas rarissimamente tomavam banho completo, daí o mau cheiro constante nas partes baixas — genitália e ânus — afastar e inibir aqueles (as) que tinham fantasias de praticar o sexo oral.

De fato, analisando mais de 2.000 confissões de "sodomitas" de ambos os sexos presos pela Inquisição portuguesa, não chegam a 10% os amantes que praticaram alguma modalidade de sexo oral.

Entre três dezenas de lésbicas do Brasil denunciadas à Inquisição, nenhuma citou ter praticado cunilíngua (língua na cona, cona = vagina). Algumas sequer tiravam suas saias ou vestidos, contentando-se na cama em esfregar seus corpos, "como os homens fazem quando fornicam com as mulheres".

Curioso que ao serem presas e examinadas pelos inquisidores, estes sempre costumavam perguntar às mulheres sodomitas (o termo lésbica e lesbianismo não aparece nenhuma vez na documentação inquisitorial) se haviam utilizado algum instrumento de penetração. Quase todas responderam que não, com exceção de uma tal de Francisca Luiz, uma negra que já viera degredada de Portugal para o Brasil por suas libertinagens, e que na Bahia quinhentista era conhecida como "a do veludo", pois costumava transar com um pênis (de madeira?) enrolado num pedaço de veludo. Puro luxo!

Portanto, tudo leva a crer que antigamente, a maior parte das lésbicas limitavam suas transas eróticas sobretudo à fricção de suas genitálias, daí até hoje a sociedade continuar imaginando que o lesboerotismo não vai além do rala-rala e da briga de aranhas.

Ninguém melhor do que as meninas do Grupo Lésbico da Bahia (GLB) para corrigir este equívoco e nos elucidar sobre esta questão tão íntima quanto as preferências eróticas das discípulas de Safo de Lesbos. Tais esclarecimentos se baseiam não apenas no depoimento de centenas de entendidas que nos últimos dois anos têm participado semanalmente das reuniões do GLB, como de um questionário respondido por quase uma centena delas, que entre outras questões, revelaram suas preferências sexuais.

Uma primeira informação curiosa é que atualmente, os termos mais usados, ao menos em Salvador, para nomear as lésbicas entre si são "bofe" para as ativas e "*lady*" para as passivas. Embora ainda persista tal divisão — entre as mais masculinizadas e as mais feminilizadas, seja na aparência e comportamento social, seja na performance sexual, tudo leva a crer que cada vez mais as lésbicas brasileiras estão adotando o mesmo modelo internacional mais igualitário — onde todas fazem praticamente tudo na cama — sobretudo com a mulher amada. Segundo avaliação da líder do GLB 90% das entrevistadas se disseram adeptas do "toma lá, dá cá".

Quanto às variações eróticas das homossexuais femininas, a preferência nacional parece ser o sexo oral: além do beijo, as lésbicas adoram chupar o seio, o clitóris, lamber a pélvis, os grandes e pequenos lábios, meter a língua dentro da vagina, lamber o ânus. Algumas gostam mais de ser "ativas" no sexo oral, tomando a iniciativa das lambeções e tirando seu prazer do prazer que provocam em suas companheiras.

Há casais que têm maior tesão na reciprocidade total, o tradicional "69" ou o "toma lá, dá-cá". Em tempos de Aids, as lésbicas constituem a minoria sexual menos afetada pelo HIV. Não obstante, já existem mais de uma centena de casos notificados de contaminação de lésbicas no exterior, e umas poucas no Brasil, pela epidemia do século. Na maior parte destes casos, trata-se de ou mulheres bissexuais que foram infectadas por seus parceiros ou usuárias de drogas endovenosas.

Assim sendo, para evitar o risco de infecção através das secreções vaginais ou do sangue menstrual, aconselha-se às mulheres que transam com outras mulheres (no caso de uma delas ter tido relações heterossexuais ou usado drogas injetáveis) que ao praticarem o cunilíngua (boca + vagina) usem um plástico protetor (*dental dam*), a fim de evitar o risco de infecção pelo HIV. Uma camisinha cortada no sentido vertical e colocada sobre a vagina ou ânus pode funcionar como uma barreira física eficaz na proteção contra o HIV e outras doenças sexualmente transmissíveis.

A masturbação recíproca é a segunda relação erótica mais praticada por nossas safistas. Ninguém melhor do que uma mulher para acariciar, excitar e levar ao orgasmo outra mulher. Suas pequeninas mãos delicadas, unhas cortadinhas, só elas sabem exatamente onde tocar, com que pressão, qual a profundidade certa. Freud, como cão de guarda da ideologia machista judaico-cristã, inventou um tal de orgasmo vaginal que obrigava as mulheres a dependerem dos cacetes dos machos para sentir o prazer total.

Shere Hite e a Sexologia moderna garantem que o prazer feminino está concentrado sobretudo no clitóris — coisa que Safo e as "fricatrix" já sabiam de cor e salteado, ou melhor, de cor e no sapateado...

Roçadinho ou esfrega-esfrega (que os gays chamam de "quebra-louça" ou "cristaleira") é a terceira performance sexual mais praticada pelas lésbicas para chegar ao orgasmo segundo a pesquisa realizada pelo GLB. Roça-roça não apenas de clitóris com clitóris, de coxas e pernas se esfregando na genitália uma da outra, como roça-roça da ativa nas costas e bunda da passiva, ou intercalando-se as posições, entre os casais que gostam mais da reciprocidade total. (As expressões "ativa" e "passiva", embora utilizadas por algumas lésbicas, aqui neste ensaio são usadas apenas para facilitar a visão da morfologia dos atos eróticos.)

Muitas mulheres — nem sempre lésbicas — sentem prazer em introduzir diferentes objetos em suas vaginas e/ou ânus:

vibrador, cenoura, pepino, banana verde, garrafa, vela, o dedo ou mesmo a mão. Certa vez, em Medellín, um médico me disse que teve de usar um fórceps para retirar uma cebola já em decomposição que uma freira colombiana havia metido dentro da própria vagina. Já imaginou a queimação e vergonha desta pobrezinha Esposa de Jesus?! Em S. Francisco hospedei-me na casa de uma lésbica que tinha junto à sua cama um pênis de borracha de tamanho normal, tão realista na cor e nos detalhes, que parecia ser de verdade: tinha uma ventosa na base do saco que permitia ser fixado numa parede ou em outra superfície lisa, facilitando o foque-foque livre sem ter de segurá-lo. Entre as lésbicas entrevistadas pelo GLB, raras declararam lançar mão de falos, consolos e objetos de sadomasoquismo em sua parafernália erótica. Igual a suas ancestrais da Bahia colonial, que com exceção da negra Francisca Luiz, "a do veludo", negaram usar falsos pênis.

[E no bumbum, nada?]

Um dois maiores tabus da cultura ocidental situa-se numa parte escondida do corpo humano, que a maior parte dos mortais sequer viu com seus próprios olhos: o ânus, o qual os dicionários definem como "orifício na extremidade terminal do intestino, por onde se expelem os excrementos", e a quem o populacho chama de cu, furico, olho do cu, fiofó, viegas, fogareiro, rabo, toba, etc. Tabu e discriminação que podem ser notados a partir do reduzido número de sinônimos utilizados para descrever esta parte do corpo, enquanto passam de uma dezena as expressões populares referentes ao pênis e à vagina. Preconceito claramente manifesto na definição do dicionário, que restringe o canal retal e o ânus tão-somente a um mero terminal ou "esgoto", deixando de referi-lo também como privilegiado local de prazer erótico.

Poucos conhecem um livro fantástico, editado nos Estados Unidos, em 1981, todo ele dedicado ao estudo do cu: *The anal pleasure & health* (*O prazer e a saúde anal*), de autoria do Dr. Jack Morin, terapista sexual. O livro é gostoso de ler, pois em linguagem clara e sem meios termos, o autor discute as razões do tabu contra o ânus, como este preconceito evoluiu nos últimos anos, as funções sociais do tabu anal, além de diversos capítulos em que nos aconselha a ter uma relação menos problemática com nosso próprio "furico" — por exemplo, começando por dar uma olhada nesta parte tão escondida de nosso corpo — bastando para tanto botar um espelho no chão e de cócoras, num local bem iluminado, "explorar" cuidadosamente este nosso orifício. Ensina também como melhor proceder à sua limpeza (bidê ou ducha em lugar do irritante papel higiênico), como praticar exercícios com os músculos do ânus e da pélvis e — o mais excitante — como desenvolver o erotismo anal e retal.

Se analisarmos bem esta questão, nada justifica tabu tão poderoso, pois pesquisa realizada com mais de cem mil leitores da revista *Playboy* concluiu que 47% dos homens e 61% das mulheres já tiveram relações anais. Portanto, o tabu não passa de hipocrisia!

E se prestarmos atenção em nosso anedotário popular, notaremos que o cu e a bunda são muito mais citados do que os órgãos genitais. Mesmo que seja em tom agressivo, o cu faz-se presente toda vez que alguém quer xingar outra pessoa com um insulto superlativo: "vai tomar no cu!" é um dos xingamentos mais repetidos em nosso dia-a-dia. "Cara de cu" é outra expressão que perdeu muito de sua agressividade nos últimos anos. "Cu-de-ferro", ou simplesmente "CDF", já faz parte do vocabulário até de respeitáveis senhoras. Assim como as expressões "bunda-mole", "bundão", "cu-de-boi" etc. E o que falar do disputado "sobrecu" de uma galinha assada, num almoço de domingo com a família toda reunida?

Já é clássica a afirmação do antropólogo Roberto da Matta de que "o bumbum é nossa preferência nacional". Para este professor, *doublé* de psicanalista, a fixação anal do brasileiro seria uma resposta inconsciente ao machismo dominante em nossa sociedade, devido ao homem sentir vergonha de ficar face a face com sua parceira ou parceiro sexual, preferindo posicionar-se nas costas a fim de evitar os olhos da pessoa com quem se está transando. A famosa predileção por "carne de pescoço".

Na Bahia é corrente o ditado "fôrma de pica é cu e não boceta", reforçando a ilação do antropólogo a respeito de nossa fixação mais na bunda do que em outras partes do corpo, tanto de quem passa na rua como de quem levamos para a cama. Aliás, a palavra "bunda" foi incorporada ao nosso vocabulário a partir do século XVII, um empréstimo da língua quimbunda de Angola, distinguindo-se a partir de então as nádegas (bunda) do orifício anal (cu). Atenção: cu não tem acento agudo, apesar de nas portas dos sanitários públicos e nas pichações dos muros, o povão sempre escrever "cú" com acento — reforçando graficamente a idéia do cu como objeto a ser penetrado — nem que seja por um pequenino acento agudo...

O tradicional preconceito e a demonização do ânus podem ser explicados por duas vertentes históricas: sua associação com a sujeira e seu papel como espaço alternativo para o prazer sexual não reprodutivo.

Entre os muçulmanos e em diversos outros grupos étnicos, a aversão ao ânus é tanta que, por exemplo, os árabes, e muitos povos seguidores da Lei de Maomé, só podem limpar — ou mais precisamente — lavar o ânus, com a mão esquerda, ficando esta mão condenada a jamais ser usada para pegar o alimento ou objetos limpos. Comer com a mão esquerda entre os árabes causaria tanto espanto e nojo quanto alguém comer com a mão suja de fezes em nossa sociedade.

Esta seria portanto a primeira explicação da fobia que tanta gente e muitas culturas têm em usar o próprio ânus, ou o alheio, como órgão sexual. Isto na teoria, pois na prática muitos documentos e viajantes comprovam que entre os árabes, marroquinos, berberes, norte-africanos etc., a cópula anal também é uma das preferências regionais.

Já citei alhures o comentário de um jovem caiçara em Ilha Bela (SP), que disse que "quem come cu, come merda", justificando assim sua recusa em comer a traseira de um turista-viado. Ledo engano: uma penetração anal pode ser tão limpa quanto uma cópula vaginal ou mesmo a penetração oral.

Há cus que por mais que sejam lavados e perfumados, dificilmente perdem o mau cheiro; outros há, no entanto, que depois de bem asseados e enxaguados, ficam tão limpinhos, sem cheiro e sem gosto, que muita gente sente maior tesão em praticar o "beijo negro" (anilíngua, cunete) do que o beijo na boca.

Portanto, estando com o canal retal vazio, lavando-se e ensaboando cuidadosamente as pregas e o final do reto, o cu se torna um órgão sexual tão cheirosinho, gostoso e limpo quanto a vagina ou mesmo a boca. Só que diferentemente da vagina, o ânus não dispõe de secreções lubrificantes naturais, sendo necessário usar saliva ou alguma pasta ou lubrificante para facilitar a penetração. Hoje em dia, devido à epidemia da Aids, o uso do preservativo é indispensável sobretudo na penetração anal, existindo à venda lubrificantes à base de água — os únicos que não danificam a camisinha — para facilitar a penetração pela traseira.

Sexo oral-anal não oferece risco de contaminação pelo HIV, mas a pessoa pode se infectar com bactérias, vermes e outras DST. O uso de *dental dam* ou de uma camisinha aberta como um pequeno guardanapo protege os amantes do "beijo negro" de qualquer infecção.

A segunda explicação para o tabu anal em nossa cultura tem a ver com o desperdício do sêmen. Javé, o deus dos judeus e cristãos, talvez por nunca ter experimentado os prazeres eróticos — pois é puro espírito —, criou um Adão e uma Eva afastados do sexo, "sem malícia, sem carícias e sem imundícies..." tanto que só depois que a serpente engabelou nossos primeiros pais é que Adão e Eva descobriram a nudez e passaram a ter consciência do bem e do mal.

Desconhecendo portanto os prazeres da carne, Javé imaginou o sexo apenas para a reprodução, e seu porta-voz, Moisés, ao escrever os livros e leis sagradas, condenou à pena de morte todos os atos sexuais que não redundassem no nascimento de um novo filhotinho: homossexualidade, relação com animais, masturbação, coito interrompido (onanismo), tudo era crime e os culpados deviam ser apedrejados até a morte.

E dentre todos estes crimes-pecados, a cópula anal — chamada desde a Idade Média de "sodomia", passou a ser considerada pelos teólogos como "o mais sujo, torpe e desonesto pecado", mais grave do que matar a mãe ou violentar inocentes, equiparado ao crime de lesa-majestade.

A Igreja condenou e perseguiu sobremaneira a cópula anal porque os padres e moralistas se deram conta de que transar por trás dá tanto prazer quanto pela frente e oferece uma grande vantagem: não engravida. E como a Sinagoga e a Igreja sempre defenderam que as relações sexuais destinavam-se exclusivamente à manutenção da espécie humana e que todos os atos sexuais não reprodutivos eram pecado mortal, perseguiram ferozmente os que ousassem sentir prazer na cópula anal.

[Crônicas de um gay assumido]

Sem conhecer todos estes antecedentes históricos, hoje em dia, quando as pessoas têm vergonha de assumir que gostam de dar ou comer um cu, quando muitos homens e mulheres não permitem que o parceiro ou parceira futuque ou cutuque o seu furico, quando muitos e muitas não conseguem relaxar seu esfincter e ser gostosamente enrabados por um parceiro — recusando sequer um dedinho, pênis de borracha ou vibrador a pilha — o que está por trás de toda esta resistência ao prazer, são quatro mil anos de perseguição e pedradas que ameaçavam nossos antepassados que ousassem consentir o prazer anal.

Nunca é demais lembrar que cópula anal não é sinônimo de homossexualidade. Segundo a mesma pesquisa da *Playboy*, datada de 1983, apenas 20% dos homossexuais masculinos declararam gostar de comer um cu e 18% que sentiam prazer em ser passivos na relação anal. Se compararmos estes números com os mais de 60% de mulheres que já deram seu rabicó, a conclusão é uma só: tem mais homem comendo cu de mulher do que de outros homens. Cópula anal, portanto, é pratica muito mais hetero do que homossexual.

Outra questão muito polêmica é quanto aos homens que gostam de ter seu ânus tocado, acariciado, lambido, chupado ou que pedem para suas companheiras para que metam o dedo ou os penetrem com objetos ou falos artificiais. Seriam tais homens necessariamente homossexuais? Claro que não, pois o que define o desejo homoerótico masculino é estar na cama com outro homem, gostando dos pêlos, da barba, dos músculos, do cheiro, da força, do pênis e do ânus, enfim, do corpo inteiro de outro homem. Diferentemente do que ocorre com um homem que entre outras transas, gosta também de ter seu ânus tocado ou penetrado por uma mulher: na maior parte destes casos, o fulano perderia o tesão de ser beijado ou beijar outro homem, pois ele gosta mesmo é do corpo, do cheiro, da vagina, dos seios e do perfume de uma mulher — embora também goste que uma mulher, e não um homem, lhe faça carícias anais.

Portanto, homem que gosta de ter seu peito chupado ou seu cu tocado ou chupado por uma mulher não é necessariamente um homossexual malresolvido: trata-se de um homem bastante sacana, que conseguiu superar o tabu anal e descobriu — como tantas mulheres e gays, que o prazer anal — ativo ou passivo — é uma das invenções humanas mais deliciosas, tanto que alguns mitos antigos consideram que a descoberta da cópula anal foi o verdadeiro pecado original, sacanagem que irritou tanto Javé a ponto de expulsar nossos primeiros pais do Paraíso.

[Adoro um bicho]

Freud, o pai da Psicanálise, costumava repetir que todos somos "perversos polimorfos" — o que trocado em miúdos quer dizer: os seres humanos adoram todo tipo de sacanagem. Meu irmão Pedro, quando estudante de Direito no Largo de S. Francisco, em S. Paulo, ao fazer estágio numa Delegacia de Polícia, contou que uma noite, no seu plantão, chegou um gay dizendo: "Doutor, me ajude, eu estou sofrendo! Não consigo dar à luz!" E era verdade: a bicha tinha metido uma lâmpada dentro do cu e entalada, de fato, não conseguia "dar à luz". Meu informante não descreveu como foi realizado o parto...

Nos manuais de Sexologia Forense e nas enfermarias dos hospitais, há registro de homens e mulheres que enfiaram no ânus ou na vagina todo tipo de objetos, havendo os vegetarianos que metem banana verde, pepino, nabo, cenoura (na década de 80 um galã da Globo ficou conhecido como "Cenourinha", adivinha por quê?).

Outros se satisfazem com objetos industrializados: garrafa de refrigerante (variando do tamanho caçula a fanta), cabo de vassoura, copo de cerveja, paliteiro, etc. Num documento do arquivo da Inquisição, encontrei um velho "fanchono" (termo como eram chamadas as "mariconas" no século XVII) que gostava que lhe metessem, traseira adentro, a mão de um pilãozinho... Quem não tem cão, caça com gato...

O uso de pênis artificiais remonta à Antigüidade, costume igualmente praticado por muitas comunidades tribais — como em Angola, onde as virgens costumam ser defloradas cerimonialmente por xamãs, os temidos médicos-feticeiros, com falos ou consolos de madeira, cerâmica ou chifre de animais.

A maior prova de quanto os humanos adoram sacanagem, são as *sex-shops* e revistas eróticas, os disque-putarias e sexo pela internet, cada vez mais numerosos, onde os produtos eróticos satisfazem às mais ilimitadas fantasias e desejos.

E dentre essas fantasias, uma das fixações eróticas mais apreciadas pelos humanos é transar com animais. Incontáveis homens e mulheres, sem falar nos deuses antigos, tanto homossexuais quanto heterossexuais, adolescentes e adultos já tiveram deliciosos orgasmos com todo tipo de bicho: jibóia, boto, galinha, ganso, perua, ovelha, bode, porca, jumenta, cachorro, gato etc.

Deixo de lado os faunos, aqueles vigorosos diabos da mitologia greco-romana, cara de homem e corpo de bode, e as irresistíveis sereias e ninfas, com cara e peitos de mulher e corpo de peixe, por seu caráter imaginário. Assim também ficam de lado os famosos demônios "íncubos" e "súcubos", que seduziam donzelas e freiras, disfarçados em lindos rapazes, ou em forma de tentadoras mulheres, ludibriando monges e místicos. Na lista dos pecados contra a natureza, o maior teólogo da Igreja, Santo Tomás de Aquino, hierarquizava assim a gravidade das indecências: masturbação, homossexualidade, bestialismo (transar com bestas) e o pecado mais cabeludo, o diabolismo — a foda satânica. Vamos nos deter no penúltimo destes pecados: o bestialismo.

[Adoro um bicho] **[295]**

Já ouvi vários relatos verdadeiros de gays que transaram com animais, relação cientificamente chamada de zoofilia. Conheci uma travesti negra baiana que viciou um cabritinho batendo-lhe diariamente uma punhetinha, e anos mais tarde, quando o velho bode via a bicha chegando no quintal, logo ficava de pau duro, montando no gay e comendo seu furico. (Não é à toa que "cabritismo", segundo o dicionário, é sinônimo de sensualidade, libidinagem!)

Vou narrar aqui apenas a paixão erótica verdadeira de um gay com um cachorro de sua predileção, tal qual ele me contou. Eis seu relato:

"Devo ter tido uns 20 orgasmos em minha vida com diferentes cachorros. Com gato uns quatro ou cinco, esfregando o focinho do bichano no meu cu enquanto batia punheta.

Sempre tive uma queda sexual por cães, me excitando vê-los de pau duro, lambendo o próprio cacete. Quando eu era rapazinho, tinha em minha casa um cachorrão preto, Plínio, mestiço de *poodle* com buldogue. Manso, simpático, mas ultramacho e picudo. Tinha uma cara sacana!

Uma tarde eu estava sozinho em casa e veio aquela vontade de fazer uma sacanagem. Lá estava o Plínio deitado no tapete de meu quarto, olhando eu abrir a braguilha de minha calça, tirar meu pau duro pra fora. Sentei na beirada da cama e comecei a me masturbar, alisando meu pau devagarinho. Ele logo sentiu clima de sexo no ar, levantou a cabeça, me olhando curioso, invocado.

Aí notei que também ele estava de pau duro, deixando sair pra fora de sua pele preta aquela lingüiça vermelha, pontuda, cada vez mais grossa e brilhante. Cheguei mais perto: nisso ele logo levantou, botando as duas patas da frente em cima da cama, ficando ao alcance de minha mão. Comecei a acariciar sua cabeça, o corpo peludo, chegando até perto do cacete. Ele só invocado, estático, olhando pra baixo por entre suas pernas, como se estivesse pedindo para que eu fosse mais audaz.

Continuei a descer a mão, acariciando sua barriga quase sem pêlo, quentinha, chegando até perto do saco, durinho, preto como seu pêlo. Acariciei devagarzinho as duas bolas. A pica do cão cada vez mais dura, cada vez mais lubrificada. Peguei delicadamente em seu cacete: neste mesmo instante Plínio me fixou com um olhar profundo: a um só tempo sério e sacana, entreabrindo a boca e começando a respirar ofegante, com metade da língua pra fora. Continuei a acariciar seu cacete, ainda mais duro, pontiagudo como um osso, comprido de quase um palmo, mais grosso que o dedo maior de um homem.

Nisso Plínio começou a ter contrações, pra frente e pra trás, pra frente e pra trás, como se quisesse meter sua pica nalgum buraco. Chegou mais perto de mim, com a intenção de lamber minha pica — o que não deixei, levado por um misto de nojo e medo de alguma doença. Também com bichos é possível fazer sexo seguro! Continuei a masturbar o cachorro, um pouco mais rápido, ele respirando ainda mais ofegante, a língua de fora, da mesma cor de sua pica gosmenta.

Tomei então coragem e me agachei no chão, de quatro, na frente do animal. Sem nenhuma cerimônia, Plínio lambeu várias vezes o fundo de minha calça, procurando o buraco de sua felicidade. Instinto puro! Aí Plínio botou as duas patas em minha cintura, me apertando tão forte que sentia suas unhas pressionando minha barriga. E imediatamente, começou a se movimentar pra frente e pra trás, procurando um buraco para meter seu pau.

Minha vontade era arriar a calça e sentir aquele cacete vermelho, pontudo, quente, entrando em mim. Lembrei-me neste instante dos faunos mitológicos, sacanas, comendo os humanos que encontravam pelas florestas escuras. Com medo de pegar alguma doença, resisti à tentação e de quatro no chão, sempre com Plínio apertando minha cintura, com a mão esquerda pra trás, peguei na pica do animal, encostando-a na direção de meu cu, e lá fiquei recebendo o cacete do buldogue preto, entrando e saindo, fogoso: me senti a cadela mais cachorra do universo!

Em poucos minutos percebi o volume do cacete do Plínio aumentar e espirrar sua porra dentro de minha mão. Eu lá de quatro, apertado ainda mais forte por aquele machão, com minha mão direita livre, bati deliciosa punheta, esporrando ao mesmo tempo que pressionava a pica do cachorro na direção de meu cuzinho, que piscava no mesmo ritmo do gozo do cachorrão sacana.

Foi um orgasmo e tanto, demorado, onde faunos, buldogues e *poodles*, íncubos pretos e muita gala se misturaram sem pudor, na sem-vergonhice que só dois machos — e os deuses gregos — têm a capacidade de inventar e praticar."

[Orgasmo anal]

Toda vez que o encontro, o Dr. Charam, famoso sexólogo do Rio de Janeiro, me pergunta: "E existe mesmo o orgasmo anal?"

Minha resposta é: em toda minha vida, já tendo transado com mais de 500 homens diferentes, lembro-me apenas de dois que gozaram com o próprio cu, sem necessidade de se masturbar. A quase totalidade dos homens (e mulheres?) que dão o cu, na hora de gozar, para ejacular, precisam se masturbar, caso contrário, não chegam ao orgasmo.

Tal constatação não significa que apenas aqueles dois felizardos que têm gozo anal sem se masturbar é que chegam de fato ao orgasmo: mesmo que o homem tenha de bater punheta, na hora de gozar, os nervos e músculos do ânus se contraem e se relaxam em movimentos rítmicos, seja concentrando o prazer no próprio ânus, seja dividindo-o entre o pau e o cu. Tanto que na hora que o cara está esporrando, o cu fica latejando, latejando, até terminar o orgasmo.

Já frisei que sentir prazer no cu não é sinônimo de homossexualidade. Muitas mulheres heterossexuais adoram dar o furico. Muito machão também sente prazer anal: nas reuniões da Associação de Profissionais do Sexo da Bahia (APROSBA), muitas mulheres contam de clientes que pedem para que a prostituta meta o dedo no cu deles, outros querem volume maior, que introduzam vela ou até salto de sapato alto... sete e meio, é claro!

Seriam estes clientes bichas malresolvidas? Não necessariamente, pois do mesmo modo como a mulher que gosta de dar o cu não deve ser classificada obrigatoriamente como homossexual por sentir prazer anal, também o homem que gosta de ter seu peito chupado ou de levar um objeto roliço no reto, não é necessariamente um homem que goste de beijar, acariciar, chupar ou ser enrabado por outro homem. Analidade (fixação e prazer anal) e homossexualidade são departamentos diferentes.

Agora pergunto: por que então tanto gay gosta de dar o cu? Por que tanto homem quando pensa ou vai transar com um viado, vai logo querendo penetrá-lo? Acho que a associação do homoerotismo com cópula anal deve ser interpretada tanto do lado do gay quanto do lado do machão.

Embora a maior parte dos gays esteja feliz com seu papel de gênero — isto é, convive bem com o fato de ser homem, de se vestir, comportar-se socialmente, agir como membro do sexo masculino (o que não o impede de sentir atração erótica e afetividade por alguém igual a si), há uma pequena parcela de gays que são inconformados com o que a Sociologia e a Antropologia chamam de "papel de gênero": a maneira como cada sociedade determina quais os comportamentos próprios e diferenciados para homens e mulheres.

Alguns chegam ao extremo de não apenas se vestirem, mudarem o nome, usarem enfeites e adotarem trejeitos próprios do sexo oposto — as travestis —, e há uma minoria, as transexuais (1 em cada 300 mil homens), que não suportando conviver com seus órgãos sexuais masculinos submetem-se à operação para mudança de sexo, ou melhor, transgenitalização, ou melhor ainda, adequação genital, construindo cirurgicamente uma neovagina. (Os interessados em tal assunto, consultem o livro *Transexualidade: o corpo em mutação*, do Dr. Edivaldo Couto, Editora Grupo Gay da Bahia, 1999.)

Pois bem: para aqueles gays e travestis que curtem a fantasia de ser mulher e, se pudessem escolher, teriam optado por pertencer ao sexo feminino, tais indivíduos quando relacionam-se eroticamente com um homem, já que não dispõem do aparelho sexual feminino, usam o ânus como substituto da vagina, já que querem dar, receber, ser penetrados, ser comidos, ser possuídos ou fodidos por um homem.

Conheci uma bicha judia marroquina, aqui em Salvador, cabeleireira disputadíssima pelas dondocas, que chamava seu cu de "cuceta", obviamente pretendendo que na falta de uma boceta de verdade, fazia das tripas coração — epa! —, de seu cu uma boceta. Muitos gays e seus parceiros ativos gostam de, na hora da transa, fantasiar e referir-se ao cu como se fosse uma vagina de verdade: "Coma minha boceta, gostosão!"

Também já citei que na Bahia é comum ouvir a expressão um tanto discutível: "Fôrma de rola é cu e não boceta..." certamente pelo fato de o olho do cu e o canal retal serem de forma cilíndrica, da mesma configuração do pênis, diferentemente dos lábios vaginais e da vulva, que no imaginário popular são vistos e associados ao formato de uma bainha de espada.

Se de um lado parece compreensível a fantasia erótica de muitos gays em ser penetrados, correspondendo a fixação no prazer anal passivo ao desejo ou substitutivo de ter uma vagina imaginária ("cuceta"), se deslocarmos a análise para a mente dos machões que gostam de transar com gay — o que estaria por trás desta fantasia masculina de comer o cu da bicha?

Há sexólogos que defendem a idéia que o macho humano, igual aos machos irracionais, sentem atração instintiva e incontrolável pela vagina. Como se a cabeça do pau regesse a cabeça acima do pescoço, ditatorialmente levando todo o corpo masculino a se mobilizar à cata dos montes de Vênus, das bainhas vulvares, dos recônditos clitóris e das inebriantes vaginas...

Parece que este impulso heterossexual não é tão universal e inquestionável — mesmo entre os animais irracionais —, pois segundo o Dr. Frederick Whitam, da Universidade do Arizona e outros pesquisadores da Sociobiologia, por volta de 6% dos homens, independentemente de raça ou cultura, são homossexuais exclusivos — 10% segundo Kinsey.

Mesmo levando em consideração tais dados, o certo é que os machos animais, inclusive nós, humanos, descobrimos, por experimentação ou imitação social, que dá um grande prazer meter a pica em lugares aconchegantes, de preferência que sejam quentinhos, úmidos e macios: boca, vagina e ânus são portanto os orifícios mais aparelhados no corpo humano para agasalharem o pênis. Deixaremos para outro artigo comentar outros buracos onde muitos homens gostam de meter seus caralhos: melancia, boneca inflável, bananeira, cu ou boceta de vaca, jumenta, cadela, galinha, etc., etc. Voltemos ao corpo humano.

Para efeito de simplesmente meter, não resta dúvida que a boca — bem aberta, tomando cuidado para os dentes não encostarem na rola — é o órgão mais acolhedor para o pênis. Que a boca engole um pinto melhor e mais facilmente que a vagina ou o cu, não há como negar: tem cu e boceta que não têm abertura suficiente para receber caralhos normais, que dizer dos muito grossos ou gigantescos?!

Em toda minha vida — hoje com 56 anos — só encontrei um pênis tão grosso, mas tão descomunal, propriedade de um mulato carioca, que não entrava dentro da boca de nenhum ser humano. Mesmo quanto ao comprimento ou fundura, a garganta é tão profunda e adaptável quanto os orifícios da parte baixa do corpo, embora algumas pessoas sintam náuseas ou não suportem penetrações goela abaixo. Quem sofre desta síndrome, consulte uma especialista, popularmente conhecida por "chuparina", ou garganta profunda, se quiser aprender como realizar um boquete com perfeição...

Em suma: nada como uma boca para agasalhar o órgão sexual masculino. A boca é mais larga, aperta e arrocha o caralho o quanto quer, tem mais líquido deslizante (saliva) do que o ânus e a vagina e, além de tudo, tem uma vantagem incomparável: a língua! Este órgão úmido, a um tempo ultradelicado mas que fica duro o suficiente para massagear a cabeça do pau, enfiar delicadamente a pontinha dentro do buraquinho da pica (uretra), lamber o cacete todo, da cabeça ao talo — enfim, mil e uma utilidades e prazer que nenhuma vagina ou cu sonhariam em proporcionar.

E mais um detalhe: em tempos bicudos de Aids, ensinam os cientistas que o sexo oral (pica na boca) é a relação que oferece menor risco de infecção pelo HIV. Embora menor risco não signifique "sem risco". Proteção total, só mesmo cobrindo a pica com a camisinha, mesmo para fazer sexo oral ("felação").

Um último detalhe: há muita discussão entre os sexólogos, que ficam em dúvida de quem seria o ativo e o passivo no sexo oral entre homens. Por analogia à cópula anal, ativo seria o que mete o pau na boca e o passivo o que tem a boca fodida. Mas há outra possibilidade de interpretação deste mesmo ato, invertendo-se a perspectiva: se o bofe está quietinho sentado na poltrona do cinema, a bicha chega perto, encosta a perna (a famosa técnica da "máquina de costura"), aí começa a "fazer quibe" (apertar a rola da figura), abre a braguilha, tira a manjuba para fora, cai de boca, chupa freneticamente (as mais ajuizadas, sabem botar a camisinha que já estava escondidinha dentro da boca, às vezes, sem o cara chegar a perceber!), continua a chupar, engole a pica até o esôfago, faz o moleque gozar... Depois de toda esta ação, quem de fato ativou toda essa sacanagem: o bofe ou a bicha? Claro que foi o gay! E se alguém devesse pagar pelo serviço prestado, quem mais trabalhou, digo, chupou, é que levaria a grana. Nos Estados Unidos, a etiqueta gay manda que, após ser chupado, se diga obrigado! *Thanks, darling!*

Acontece que o contrário também ocorre com freqüência, sobretudo se o homem é sacana e *expert* em putaria: na rua ou no bar, o bofe fica pegando na própria rola para provocar o desejo no gay; depois de uma cantada, vão para o quarto da pensão.

Mal fecha a porta, o bofe agarra a bicha, dá-lhe uns amassos, um cheiro no cangote (no imaginário popular, bofe e puta que se prezam só beijam na boca seu amante), aperta a bunda da bicha, vai logo metendo o dedo no cu por sobre as calças, leva a mão do gay para dentro de sua braguilha. De pé mesmo, abaixa com delicadeza e energia a cabeça da amiga em direção a seu caralho, nesta hora já estourando de tesão fora da cueca. A bicha faz boca doce, dá uma cheiradinha antes (felizmente está sem queijinho nem crecas!), aí começa beijando devagarzinho o talo, dá um cheiro no saco — o bofe não agüenta tanto suspense, vai logo metendo o caralho na boca da bicha ajoelhada a seus pés. Mete gostoso, o gay lambendo o cabeção, descendo a língua pela virilha, mordendo sacaninha o saco do moleque escândalo.

[Orgasmo anal] **[305]**

Na cama é ainda melhor: ambos sem roupa, o machão mete de novo na boca da bicha, agora sentado em seu peito, fodendo com vigor como se estivesse tirando o cabaço do cu. Mete, mete, até chegar ao orgasmo: aquela explosão de gala e prazer. Neste caso sim, o ativo é o dono do cacete, pois toda iniciativa partiu dele.

Gozado! Só agora que me dei conta que comecei a tratar do orgasmo anal e terminei com o sexo oral. Quão imponderáveis são os caminhos do erotismo! E para os que se escandalizaram com o naturalismo escrachado do Dr. Mott, tenho a meu favor o Papa São Clemente, martirizado no primeiro século depois de Cristo, que pontificou: "Não devemos ter vergonha de falar — e escrever — do que Deus não teve vergonha de criar!"

[Devaneios de um pederasta romano num liceu em Paris]

*"Eu não desprezo um menino de 12 anos,
Embora um frangote com 13 me desperte maior atração.
A flor dos 14 anos me é ainda mais preciosa.
Rapazinhos com 15 são puro charme.
16 anos é a idade dos deuses!
Jovem com 17, é caça que se deve guardar!"*

Tal poema, de autoria do poeta latino Luciano de Samosate, escrito século e meio depois de Cristo, retrata uma época em que em Roma e na Grécia, o amor entre um homem adulto e um adolescente era considerado a forma mais pura e perfeita de relacionamento humano. Hoje, a pederastia — o amor e sexo entre um adulto e um jovem com menos de 18 anos, mesmo com pleno consentimento do adolescente —, pode levar o adulto à cadeia, e pior que isso: na prisão, o infeliz vai ser violentado e morto pelos demais presos, castigado por ter praticado uma forma de erotismo que Sócrates, Platão e os maiores pensadores da Antigüidade clássica consideravam "divino" — dos deuses! Santíssimo Zeus, *ora pro nobis! Dura lex, sed lex!*

Paris, outubro 1998. Fui assistir a uma peça de prevenção da Aids numa escola pública: ginásio construído no século passado, belíssimo, arquitetura neoclássica, enorme, dessas coisas que a gente só vê em filme. No salão onde ia se iniciar o teatro, uma centena de adolescentes — dos 12 aos 17 anos —, a faixa etária preferida pelo poeta romano. Enquanto os atores representavam cenas da vida contemporânea dos jovens, de repente o espírito do poeta Luciano tomou conta de mim, e como uma pomba-gira indomável, deixei-me conduzir pelas fantasias daquele amante da juventude. Afinal, pensar ainda é uma faculdade humana que censura alguma pode impedir...

Nas duas horas de duração da peça teatral — o vibrante pederasta seduziu e foi seduzido por quatro Ganimedes, o jovem príncipe amante de Zeus. Foi mais ou menos assim: tudo começou quando mal apagaram-se as luzes do salão.

Eu, já incorporado pelo poeta, escolhi para me sentar exatamente ao lado do rapaz que mais cativou meu olhar e que, furtivamente, trocara olhadelas comigo mal me viu entrar no salão: Patrick, 15 anos, natural da Bretagne, pele vermelha como um morango, bastante crescido para sua idade. O poeta logo sentiu sua perna musculosa de skeitista, que ficou ainda mais tesa quando encostou-a decididamente em minha coxa: bastou este toque para o bretão ficar excitado, com o caralho duro pulsando dentro de seu *jeans*. Esperto, botou logo a jaqueta em cima do colo para não chamar a atenção do colega do lado. Desabotoei-lhe a braguilha e meti a mão dentro de sua cueca, já meio molhada com o tesão pré-seminal. A temperatura estava altíssima! Patrick teve ejaculação precoce: gozou no tempo justo de se rezar uma Ave-Maria, controlando a respiração ofegante para não chamar a atenção dos demais. Não adiantou o cuidado: Habib — um norte-africano de 15 anos, sacou tudo e ficou vidrado com vontade de igualmente merecer os serviços sexuais do desconhecido visitante que tinha idade de ser seu pai.

Acendeu-se a luz no final do primeiro ato. Os atores pediram uma mesa para completar o cenário daquele palco improvisado. Cinco rapazes logo se ofereceram para providenciar a mesa, entre eles Habib, com seu pulôver verde claro, que fazia ressair sua cor de cobre, o abundante cabelo preto e o nariz afinado, cópia melhorada de escultura marroquina. Meu espírito aventureiro marcou presença: já imaginando que algo certamente poderia acontecer, desci as escadas com o grupo à procura da tal mesa.

Habib era o penúltimo da fila e logo que passou por mim na escada, alisou discretamente minha bunda. Seus colegas mal viraram no corredor, ele entrou na primeira sala vazia — laboratório de química, puxando-me pela mão. Atrás da porta, foi logo abrindo a braguilha da calça de veludo, mostrando-me seu avantajado caralho cor chocolate ao leite — oferta que eu não resisti à tentação de conferir se tinha gosto de baunilha ou caramelo: chupei gostoso aquele pirulito de carne quase virgem, duro como um pedaço de pau, suave como uma uva. Imaginei que talvez o avô dele tivesse se acostado com André Gide em suas aventuras eróticas pela África do Norte.

Sua mão forte puxava minha cabeça pra lá e pra cá, tirando prazer de cada lambida e sugada que eu dava em sua pica deliciosa. O poeta Luciano, apesar de anestesiado pelo prazer, lembrou-se do teatrinho sobre Aids a que acabara de assistir, e seguiu o conselho dos atores: não deixou que o adolescente gozasse em sua boca. O marroquino se contorceu todo ao gozar na minha mão — me dando um beijo de língua de despedida que quase me sufocou! Foi difícil alojar de novo sua pica dentro da calça, de tão dura que continuou mesmo depois da ejaculação. Saiu correndo da sala de química, com a cara mais falsa deste mundo, ajudando seus colegas que carregavam a mesa para o salão.

Dirigi-me ao sanitário para lavar minha mão daquela gala ainda quente. Nisto, sem que me desse conta, entrou no toalete Benjamin — que pela pele cheia de sardas e o cabelo ruivo cor de fogo me fez suspeitar que devia ser judeu: franzino, magrinho, uma graça! Um anjinho barroco *light*. Mais de perto constatei que de fato acertara seu grupo étnico: trazia uma estrela de Davi na correntinha no pescoço.

Tímido, preferiu urinar de porta fechada em vez de usar o mictório do lado da pia em que eu lavava as mãos. Não imaginei logo que também era amante do babado: o danadinho era sonso, pois revelou-se mais audaz que o poeta imaginara supor. Pelo espelho acima da pia notei a porta da privada semi-aberta. Me aproximei — visão beatífica! — lá estava o judeuzinho com o bumbum de fora, com a calça de moleton arriada até os pés, me oferecendo sua bundinha linda, branca como a neve, salpicada com pintinhas de sarda.

Entrei no cubículo da privada meio sem saber o que fazer: prontamente Benjamin trancou a porta, engoliu minha pica com a voracidade de um fauno nos jardins do Capitólio... Após alguns minutos, se encostando num canto da parede, postou-se de costas para mim. Meu primeiro desejo foi penetrar canal adentro daquele cuzinho apertado...

Novamente, o poeta lembrou do teatro sobre Aids, pensou também que poderia sem querer ferir parte tão delicada de seu corpinho, sodomizando-o ali de pé, sem camisinha nem lubrificante. Optou pelo beijo negro: se abaixou de cócoras — primeiro mordiscou

[Devaneios de um pederasta romano num liceu em Paris] **[311]**

a bundinha branca e limpinha daquele pimpolho filho de Abraão, metendo logo em seguida a língua toda em seu buraquinho, enquanto Benjamim se masturbava chiando de prazer. Senti as contrações de seu cuzinho, se abrindo e fechando, incontrolavelmente. Um verdadeiro êxtase! Gozou gostoso, deixando a gala escorrer pelo ladrilho do banheiro... De soslaio vi seu pintinho circuncidado rodeado de pentelhos ruivos. Um bibelô. Shalon! Disse todo feliz, ao se despedir de mim.

Voltei para o salão do teatro, já com as luzes apagadas: o segundo ato mal havia começado. Sentei-me num banco mais ao fundo, para não distrair a atenção dos presentes. Nem cinco minutos haviam passado quando um vulto se senta a meu lado. O escuro impedia-me de distinguir sua feição. Só dava para ver a luzinha de seu relógio. Jogando verde para ver se rendia alguma surpresa, perguntei maroto: *"S'il vous plait, qu'el heure est il"* — "Três e um quarto", me respondeu o rapaz, com forte sotaque português. Não deu outra: o gajo era filho de imigrantes do Porto.

Disse-me chamar António. Beirava os 17 anos. Botei minha mão sobre minha perna e encostei-a timidamente na perna do jovem. Imediatamente correspondeu à minha iniciativa: ousado, pegou minha mão e meteu-a em seu caralho, que duro como um cacete já estava todo de fora, meladinho de tesão. Escolado, imaginando que em breve gozaria se continuasse acariciando aquele sólido príapo, o poeta levou a mão do lusitano para dentro de sua calça entreaberta: o rapaz depois de masturbar freneticamente o pênis teso do romano, foi logo descendo a mão saco abaixo, e sacana, com o dedo médio, começou a massagear seu cu, enquanto com a mão direita, bem à vontade, batia punheta em si próprio.

O escuro do salão e a algazarra dos estudantes envolvidos com o teatro permitiam maior liberdade: levantei a camiseta deste rapaz quase adulto e chupei compulsivamente seus peitinhos duros — esfreguei minha boca e cara em seu peito já todo cabeludo, o sovaco com cheiro de macho adulto, seu dedo delicado e decidido no olho de meu cu. Assim gozamos os dois ao mesmo tempo: cada qual descascando sua banana com o carinho e a força na medida certa, eu chupando sua tetinha dura, ele mordendo meu cangote como um cão inebriado pelo prazer.

Limpamo-nos rapidamente com lenços de papel — conforto inexistente no tempo dos romanos, mas perfeitamente substituíveis pelas franjas das longas togas de linho do poeta Luciano.

Em poucos minutos a peça terminou. Aplausos. A luz se acendeu: aí então vi o rosto deslumbrante do português peludo: beiço carnudo, orelhinhas perfeitas com um brinco de ouro lusitano, olhos pretos que até hoje não consigo esquecer.

Como não consigo jamais me esquecer de Habib, Benjamin, Patrick, António — que me permitiram viajar tão solto na imaginação dos amores pederásticos "*safe sex*" do poeta Luciano... Claro que tudo não passou de mera imaginação, *hélas!* Devaneios de um pederasta romano num liceu de Paris...

[Promiscuidade: esse bicho morde?]

Logo que surgiu a Aids, a promiscuidade foi a primeira acusada de ser a causa da propagação desta epidemia: porque os gays são promíscuos, porque transam muito, porque não mantêm relações estáveis, porque são galinhas insaciáveis — por tudo isto teria a Aids se alastrado dentro da comunidade homossexual.

Há um pouco de verdade nestas acusações, porém muito mais de preconceito.

A primeira dificuldade é definir exatamente o que vem a ser promiscuidade. Examinemos dois casos hipotéticos: a bichinha que ficou o mês todo em casa rezando o terço ou lendo a Bíblia, e no último sábado foi para a sauna e roçou com meia dúzia de bofes e bofonecas, bateu punheta em dois moleques, e no final deu o rabinho a um príncipe encantado, usando a camisinha do começo ao fim da transa. Esta bicha rezadeira de terço pode ser considerada promíscua? Você decide!

Outro caso: trata-se de um gay romântico que está namorando a sério um coroa ultra-sisudo (e picudo!), casado, tão careta que ninguém diz que é gay. Já estão se encontrando há um mês e finalmente pintou lugar, tempo e foram para o hotel. Paixão arrebatadora, promessas de fidelidade, saúde aparentemente impecável — transaram sem camisinha, penetração total. Passados uns meses, a coitada da bicha fez o teste e deu positivo: estava com o "bichinho", ou com o "doce", como dizem no gueto gay da Bahia.

[Crônicas de um gay assumido]

Se compararmos estes dois casos, de um lado a bicha que roçou com todos os bofes da sauna e usou camisinha na hora da transa, e do outro lado esta amiga que não fez aquela putaria toda, e foi direto aos finalmentes com um único parceiro, a conclusão será que a bicha assanhada foi promíscua mas não pegou Aids, enquanto a monogâmica se contaminou com o HIV. Portanto, promiscuidade e Aids não são sinônimos, depende do modo como se pratica a putaria.

Ao tentar definir promiscuidade defrontamos logo uma grave dificuldade: até onde uma relação sexual pode ser rotulada de "virtuosa" ou "normal", e a partir do que se torna promíscua? Bater punheta num sanitário público olhando para a caceta do vizinho é promiscuidade? E quem "quebra louça" com três ou quatro rapazes na pista de dança ou no corredor de uma boate, é promíscuo? Você decide!

Acho que os termos "promíscuo" e "promiscuidade" são tão subjetivos e carregam uma carga moralista tão pesada que seria melhor evitá-los, pois não ajudam em nada na prevenção da Aids, além de fornecer munição para os homófobos que continuam achando que os gays são todos prostitutos e não podem ficar lado a lado com um homem — ou uma criança! — e vão logo seduzindo, arriando as calças ou abrindo a braguilha do vizinho.

Não nego que tem muita bicha que segue este figurino, criaturas insaciáveis que jamais se contentam com um ou dois bofes, mas querem todos os homens do pedaço, ou aquelas que só transam com os mais graúdos, os mais taludos, as picas mais gigantescas e grossas. Gosto não se discute, mas quem investe demais na quantidade necessariamente tem de abrir mão da qualidade, pois a ganância é tão esfomeada que não dá tempo de selecionar: caiu na rede, é peixe! E mesmo que a pessoa use camisinha, pode sempre ocorrer um acidente, furar o preservativo e o esperma contaminado penetrar no corpo da insaciável.

Quem transa mais, quem transa de pé em banheiros de cinema, rapidinho atrás de árvores em parques públicos ou terrenos baldios, ou de ladinho dentro do carro ou na poltrona de cinemas de pegação, com medo de chegar alguém, claro que em tais circunstâncias, é muito mais complicado usar corretamente o preservativo do que quando você está deitadinho na cama, com o lubrificante na mesinha do lado, que você pode se abrir toda num relaxante frango assado e praticar tranqüilamente o sexo seguro sem medo e tensão como ocorre muitas vezes nestes becos e lugares escuros da vida.

Repito: gosto não se discute e longe de mim de condenar, jogar pedra ou apoiar a repressão médico-eclesiástico-policial contra aqueles que gostam deste sexo anônimo em ambientes perigosos etc. e tal. Não se pode negar, entretanto, que também a monogamia, os casais "certinhos" que transam papai-mamãe, que têm sempre a camisinha e a bisnaga de K-Y no criado-mudo do lado e que curtem a fidelidade e sentem ciúmes um do outro, também tal gente deve ser respeitada — e não há como negar que tais relações oferecem idealmente maior margem de segurança contra a Aids e demais DST do que o modelo do sexo impessoal e da constante mudança de parceiros.

Portanto, faço de novo a pergunta: promiscuidade, que bicho é esse? A resposta continua sendo esta: promiscuidade não tem nem pode ter definição matemática pois é um conceito moral, ou moralista, para ser mais preciso — e cada cabeça, cada seita e grupo social definirá à sua moda o que considera promiscuidade. Conceito que não tem nenhum interesse ou valor, numa sociedade e numa época em que o respeito à individualidade é um valor básico — e na medida em que cada vez é menos possível separar o certo do errado, e que nenhum código moral pode se arvorar ser o "natural" ou o "melhor".

Agora: considerando que vivemos numa época desgraçada, em que um vírus mortal anda solto por aí, escondido dentro dos pênis, vaginas, cus e até nas bocas de qualquer um de nós, levando-se em conta tal perigo, cada um resolva qual o risco que está disposto a correr em suas transas.

Chupar, por exemplo: na lista das sacanagens, é a que oferece menor risco de contaminação pelo HIV, sendo menos perigoso chupar um caralho do que recebê-lo sem camisinha dentro da "cuceta". Chupar um caralho que tenha feridinha nos lados, caralho mal-lavado que pode ter comido um cu ou uma boceta algumas horas antes, chupar vários caralhos num "quarto escuro" de uma sauna ou boate, claro que tais práticas, quer as rotulemos de "promíscuas" ou não, oferecem alto risco de infecção pelo HIV e outras DST. Por conseguinte, quem se gosta, quem gosta de viver e quer continuar gozando de boa saúde, só chupará pica com camisinha, ou quando muito ficará só nas lambidas e chupadas pelo saco e talo do pau, sem meter o cabeção dentro da boquinha — ou então, vestirá o lindo cacetão com uma camisinha amiga e aí pode ir fundo, engolindo aquela deliciosa maçã do paraíso até o bucho, se tiver resistência para tanto.

Conclusão: embora o ditado popular diga que "bicha burra nasceu homem..." não é bem assim não, pois bicha burra morre mesmo, de Aids, assassinada ou de neurose, por não ser suficientemente esperta para encontrar um meio de sobrevivência seguro nesta selva dominada pelos machos.

Cada um reflita sobre suas preferências, taras e fissuras "incontroláveis", e avalie bem o que mais conta em seu projeto de vida presente e futuro: sair com um bofe escândalo, supermacho, mas que de repente pode se transformar num carrasco e moer a bicha de socos e pontapés, roubando seus tênis, dinheiro e tirando-lhe a vida — ou então, dar gostoso sem camisinha para aquele super-homem caralhudo nota 10, recebendo sua gala toda — você tem o direito de fazer o que quiser com sua vida — mas pelo amor de Ganimedes (o mais gay dos deuses gregos), não jogue fora sua existência!

Depois não venha nos dizer que não sabia destes perigos! Sua vida vale mais do que o risco de uma foda! *Take care!!!*

Este livro foi composto na tipologia Times
New Roman, em corpo 11/15, e impresso em
papel Offset 75g/m² no Sistema Cameron
da Divisão Gráfica da Distribuidora Record.

Seja um Leitor Preferencial Record
e receba informações sobre nossos lançamentos.
Escreva para
RP Record
Caixa Postal 23.052
Rio de Janeiro, RJ – CEP 20922-970
dando seu nome e endereço
e tenha acesso a nossas ofertas especiais.

Válido somente no Brasil.

Ou visite a nossa *home page*:
http://www.record.com.br